INTRODUCTION

Il était une fois, en des temps si anciens que même le vent ne pourrait s'en souvenir, un grand Roi, Seigneur et Maître d'un Royaume infini dont la beauté dépassait tout entendement.

Ce grand Roi était béni des Dieux et avait un pouvoir immense et illimité, et à peine sa volonté était-elle émise que déjà elle se matérialisait dans sa réalité.

Ce Roi était comblé et heureux, il vivait dans un monde empli de lumière et rien ne pouvait lui être refusé puisqu'il était la création des Dieux eux-mêmes et ceux-ci ne voulaient que son plus grand bonheur.

Il créait et créait sans cesse, inventant constamment de nouveaux éléments plus magnifiques les uns que les autres, continuant à enrichir son royaume de toutes les merveilles possibles et imaginables. Même celles qui ne l'étaient pas, il pouvait néanmoins les créer...

Vint un jour où le grand Roi qui était le seul être vivant de son Royaume se dit que toutes ces beautés lui donnaient certes beaucoup de bonheur, mais que ce bonheur pourrait être encore plus grand s'il pouvait le partager avec d'autres que lui.

Il demanda alors aux Dieux de lui accorder qu'un second être comme lui soit créé afin que toute la beauté de son univers prenne un sens véritable lorsqu'elle brillerait dans les yeux d'un autre.

Les Dieux exaucèrent le souhait du grand Roi et créèrent un second être dans l'univers, ayant les mêmes pouvoirs infinis que le grand Roi lui-même et pourtant différent de lui bien que complémentaire. En effet, les Dieux choisirent de créer une compagne au grand Roi, son égale en tout point, mais au féminin. Elle serait son amie, sa confidente, son amante, sa Reine et ils pourraient ensemble découvrir l'émotion la plus pure qui n'ait jamais existé : l'amour.

Les Dieux décidèrent également d'offrir au Roi et à la Reine un certain nombre de sujets, qui ne seraient là que pour les servir et contribueraient ainsi à les rendre toujours plus heureux, car tel était le souhait le plus cher des Dieux.

Le Roi et la Reine poursuivirent ensemble l'oeuvre que le grand Roi avait commencée, et continuèrent à créer, encore et encore, laissant parler toute la palette de leurs émotions dans ce qu'ils faisaient naître ensemble.

Un jour, le grand Roi déclara à sa Reine : « Je suis comblé, ma vie n'est que bonheur et nos sujets sont heureux, ils remplissent leurs tâches avec allégresse et se réjouissent d'admirer nos créations ! Quel plus grand bonheur pourrait-il y avoir ?! »

La Reine regarda son Roi avec amour et lui dit ceci : « Nos sujets sont certes heureux, mais comment pourraient-ils ne pas l'être puisqu'ils ne connaissent rien d'autre que ce Royaume ? Ils ne font au final que suivre la volonté des Dieux qui est de nous servir, mais que feraient-ils s'ils pouvaient choisir ? Ne serait-ce pas là le plus beau cadeau que nous puissions leur faire, celui d'avoir le choix ? Ils seraient alors libres de continuer ce qu'ils font aujourd'hui ou de prendre une tout autre route selon ce qui ferait leur plus grand bonheur... »

Le grand Roi réfléchit quelques instants et sourit à la Reine en guise de réponse, car il lui apparût comme une évidence qu'elle avait raison et que c'était bien là le plus beau cadeau que tous les deux pouvaient faire à leurs fidèles sujets.

Ils décidèrent alors de leur accorder à chacuns le libre arbitre, et à cet instant précis naquit ce que nous appelons aujourd'hui la Vie...

1.

Un cri !

Je retrouvai petit à petit mes esprits pour me rendre compte que ce cri n'était autre que le mien... Nouveau réveil en sursaut à la sortie d'un cauchemar... Un parmi tant d'autres depuis plusieurs semaines, mais étrangement, c'était toujours le même décor, toujours le même personnage et toujours la même scène, nuit après nuit.

Je ne comprenais pas... Il n'y avait pourtant rien dans ce rêve qui aurait dû m'effrayer, car celui qui y était présent avec moi n'avait rien d'un monstre. C'était l'homme qui partageait ma vie alors, l'homme que j'aimais, celui que je considérais comme mon grand amour... Illusion de jeunesse sans doute ou illusion tout court...

Le même scénario se répétait à chaque fois, nuit après nuit, de façon très claire et extrêmement réaliste. Il y a de ces rêves qui laissent une impression étrange, pesante, comme s'ils ne faisaient pas partie de notre imaginaire, mais montraient tout simplement une autre réalité, une autre dimension de nos vies.

J'étais dans cet appartement que nous occupions ensemble à l'époque, couchée dans notre lit, encore plongée dans une sorte de demi-sommeil où je percevais néanmoins tout ce qui se passait autour de moi, comme à la sortie d'une anesthésie et soudain j'entendais le bruit de la porte d'entrée... C'était lui... Nous étions encore tôt le matin et il rentrait déjà du travail alors que sa journée venait à peine de commencer.

Je suppose que j'aurais dû être heureuse à cette idée, mais lorsque dans le demi-sommeil de mon rêve je le sentais s'approcher de moi pour me serrer dans ses bras, ce n'était pas de la joie ou de l'amour que je ressentais, mais un terrible effroi, une peur qui vous sert les entrailles et qui propage son poison dans les moindres parcelles de votre corps jusqu'à en être totalement submergé...

J'étais tout simplement terrorisée par sa présence, par son étreinte, et je me réveillais systématiquement en sueur, presque tremblante et dans un état de profond mal-être alors que les cauchemars que je faisais habituellement ne me laissaient rien de pareil après que je me sois réveillée...

Comment la présence de cet homme que j'aimais tant pouvait-elle à ce point me bouleverser alors que dans la réalité, tout se passait plutôt bien, ou plutôt je tentais de me convaincre moi même que tout allait encore bien.

Quoi qu'il en soit, je ne comprenais pas... Ou peut-être que je ne voulais pas comprendre et cherchais juste à rester encore dans la douce illusion d'un bonheur qui avait déjà glissé entre mes doigts...

Tout cela dura pendant un mois environ, ça avait commencé à la fin de l'année 2004 et s'était poursuivi jusqu'au début de l'année suivante. Ces cauchemars revenaient constamment, tous les matins lorsque je me rendormais après son départ au travail et tout dans les moindres détails était similaire au décor qui se présentait devant moi lorsqu'enfin j'ouvrais à nouveau les yeux. Tout, sauf sa présence.

Ce matin là ressemblait donc à tous les autres matins qui avaient précédé, mais il y avait dans l'air une drôle de pesanteur, comme un parfum de mort et de douleur.

J'étais partie pour rendre visite à mes parents dans la matinée, seule, et durant tout le trajet en voiture, mon esprit n'eut de cesse de bouillonner, de se torturer avec mille pensées qui n'amenaient que de la souffrance, et je finis par me dire dans un bref éclair de lucidité que je ne pouvais pas rester avec lui, mais la seconde suivante, j'étais à nouveau en train d'essayer de me convaincre que les choses allaient s'arranger et que ce n'était qu'une mauvaise passe, que c'était bien l'homme de ma vie et que je n'allais pas encore devoir affronter la solitude et l'inconnu. Je crois qu'au fond c'est surtout ça qui me faisait peur, terriblement peur.

Et à mon retour, la discussion fatale eut lieu, sans appel, c'était terminé...

Je me souviens avoir ressenti quelque chose de très étrange à ce moment-là parce que d'un côté mon esprit et surtout mon ego étaient en révolte, comment pouvait-il m'abandonner ? Je lui avais tout donné, ma confiance, mon coeur, mon corps, tout... mais en même temps, j'ai ressenti une sorte d'étrange soulagement, comme si j'étais libérée d'un fardeau, d'un lien qui ne m'apportait pas le vrai bonheur que j'attendais. Je ne pouvais pas être moi même dans cette histoire, je ne pouvais pas exister pleinement, je n'avais même pas conscience d'être une personne à part entière et croyais encore naïvement n'être qu'une moitié qui cherchait son autre moitié pour pouvoir enfin être une personne complète et trouver le vrai bonheur.

Je m'étais accrochée à un leurre, je voulais m'agripper envers et contre tout à cette histoire parce qu'au moins elle me donnait l'impression d'être «comme tout le monde» et m'avait permis de sortir de ma prison de solitude, mais toutes ces chimères ne me rendaient pas réellement heureuse, je voulais juste tenter de croire que je l'étais et que j'allais enfin atteindre mon but, alors que dans mon for intérieur je savais déjà que ça ne ressemblait en rien à ce que j'espérais de la vie. Une désillusion de plus...

Avant de l'avoir rencontré, j'avais vécu quelques flirts d'adolescente, quelques histoires qui n'auraient pas dû me faire véritablement souffrir si je n'avais pas été si obsédée par l'idée de vouloir construire et m'engager à tout prix.

Pendant longtemps, j'avais cru naïvement que la vie n'était rien d'autre qu'un beau conte de fées. Un jour, la princesse rencontrait son prince charmant. Lui qui était si vaillant arriverait très vite pour la couvrir d'amour et de tendresse et ils vivraient heureux pour toujours, entourés de leurs enfants... Quelle connerie !

J'avais longtemps imaginé que le premier garçon que je rencontrerais serait l'homme de ma vie, le bon, le seul et unique ! D'ailleurs, comment aurais-je pu attendre autre chose en ayant eu pour modèle des parents unis, amoureux et heureux depuis ce qui semblait être une éternité ? Je pensais que leur expérience serait aussi la mienne et à vrai dire, je n'imaginais même pas qu'une autre solution soit possible.

Forcément, le premier modèle que nous avons dans la vie, ce sont nos parents, alors nos attentes et nos espoirs se forgent sur ce qu'on observe d'eux et pendant longtemps nous pensons que leur façon de vivre et d'avancer est la seule et unique façon de vivre et d'avancer jusqu'à ce que nous ayons l'occasion de découvrir et d'observer d'autres modèles et que nous fassions nos propres expériences.

Mais la vie est venue bien vite me sonner les cloches en me montrant de quoi il retournait concrètement et en me faisant découvrir un monde assez horrible fait de trahisons, d'hypocrisie, de mensonges, de souffrances, de désillusions...

Non, la vie n'avait finalement rien d'un conte de fées, mais comme j'étais sacrément têtue et tenace, je n'allais pas lâcher l'affaire aussi vite ! D'accord, j'étais mal tombée et j'avais joué de malchance, mais ce n'est pas pour autant que le prince charmant n'existait pas, il était forcément quelque part et je finirai bien par le trouver !

Et un jour, j'ai rencontré Paul. Une rencontre des plus banales, lors d'une soirée entre copains. C'était l'ami d'un ami, arrivé là un peu par hasard, parce que sa voiture était tombée en panne. Comme il se faisait tard et que Franck, qui était invité à cette soirée, était déjà en retard - pour ne pas changer... - il avait proposé à Paul de l'accompagner et celui-ci avait accepté volontiers.

Je crois que le courant est passé presque immédiatement entre nous, nous avons discuté ensemble presque toute la soirée, ignorant complètement le monde qui nous entourait, nous avons échangé nos numéros, le coeur joyeux à l'idée de nous revoir et quelques jours plus tard nous nous sommes retrouvés autour d'un verre, les yeux brillants et le coeur palpitant.

Voilà comment l'histoire a commencé.

Ça a été le parfait bonheur pendant un temps, nous voulions les mêmes choses, avions les mêmes rêves, les mêmes espoirs et surtout nous nous aimions. Que demander de plus ?

Des tas de choses à vrai dire... J'avais beau être heureuse d'avoir trouvé quelqu'un qui me correspondait, ça ne me suffisait pas. J'avais besoin de me sentir en sécurité, d'avoir des «garanties» et j'ai commencé à faire une fixation sur les grands engagements de la vie : le mariage et les enfants.

Plus le temps passait, plus ça devenait fort et obsédant, je ne pouvais me contenter d'une demi-mesure, il me fallait tout, j'avais besoin d'être sûre et je vivais dans la croyance qu'une fois mariée et mère, le «heureux pour toujours» que j'espérais tant serait une réalité à vie.

Quelle erreur ! Au final, on peut bien signer tous les papiers possibles et imaginables, prononcer les plus belles paroles, les plus belles promesses et prendre mille engagements, nous ne savons jamais vraiment ce que réservera demain et en fait, nous ne savons même pas si nous serons encore de ce monde demain, alors pourquoi se préoccuper si fortement de ce qui viendra devant alors qu'il y a d'abord un présent à vivre ?

Ça, je le sais maintenant, mais tout était si différent à l'époque... Quand je regarde en arrière, je me dis que je vivais vraiment dans un autre monde qui n'était bâti que sur des illusions.

Ma vie était devenue à ce moment-là une attente permanente. Je guettais le moindre signe, le moindre geste, la moindre parole qui viendrait m'assurer que c'était gagné, que Paul allait me donner la sécurité que j'attendais et qu'ensuite tout irait bien dans le meilleur des mondes.

Mais le temps passait et rien de tout ça ne venait. Des mots doux, des preuves d'amour, de petites attentions constantes, tout ce j'aurais pu espérer sauf ce qui était essentiel et je dirais presque vital à mes yeux à ce moment-là.

Je finis par être tellement focalisée sur cet avenir espéré que j'en oubliai totalement de profiter de l'instant présent et des bons moments qui se présentaient là, juste devant moi.

Puis j'ai commencé à changer, j'ai commencé à ressentir de la tristesse, une sorte de lassitude, d'usure, comme si mon bonheur ne pouvait venir que d'une demande en mariage ou de l'arrivée d'un enfant.

Il faut dire aussi qu'avec le temps, je m'étais rendu compte que nous n'étions pas tant que ça sur la même longueur d'onde et que mes aspirations profondes, mes envies réelles, n'étaient pas celles auxquelles je voulais croire en espérant mieux convenir à l'homme que j'aimais.

Oui je crois que c'est ça... J'ai voulu devenir parfaite à ses yeux, devenir la femme idéale, sa femme idéale dans l'espoir d'être aimée encore plus fortement, mais aussi pour que ne lui vienne jamais à l'idée l'envie de me quitter. J'avais si peur d'être abandonnée...

Le problème, c'est que plus je faisais d'efforts pour aller dans le sens de ses attentes, plus je m'éloignais de mes attentes personnelles et de celle que j'étais vraiment. Cela ne faisait qu'amplifier le malaise intérieur que je ressentais et tout le problème résidait dans le fait qu'une fois entrée dans ce cercle vicieux, la peur d'être quittée, si je revenais en arrière vers ma véritable nature, prenait le pas sur toute envie de retour à la case départ et ça ne faisait qu'enfoncer un peu plus le clou de la frustration et de la souffrance intérieure.

Une fois tombée dans ce piège là, il était trop tard, tout était déjà joué d'avance ou presque, mais je n'aurais jamais pu l'imaginer à ce moment-là.

Bien sûr, tout cela finit par affecter profondément mon couple, car plus le temps passait, plus je me sentais frustrée, mal dans ma peau, jalouse, suspicieuse, et plus Paul s'éloignait de moi. Là était un autre cercle vicieux, car plus je sentais qu'il prenait de la distance, plus j'avais peur et plus j'avais besoin d'être rassurée, plus alors mes comportements devenaient excessifs.

Il avait bien essayé de me parler une ou deux fois et de me secouer pour que je redevienne celle que j'étais lors de notre rencontre, la fille joyeuse, heureuse de vivre et souriante dont il était tombé amoureux, mais j'étais sourde et aveugle, je ne vivais plus et n'avançais plus que dans l'espoir qu'enfin mes voeux soient exaucés sans même me douter qu'au loin un gouffre énorme s'approchait et allait tout faire exploser, gouffre que j'avais finalement moi-même créé.

J'avais tellement peur de perdre l'homme que j'aimais et de me retrouver à nouveau seule et malheureuse que j'ai fini par creuser ma propre tombe.

Une tombe... Oui je crois que c'est le mot juste parce que cette rupture m'a complètement anéantie, mais cette mort était nécessaire pour que je puisse enfin renaître à la vie et commencer à me débarrasser de mes illusions, j'en suis consciente aujourd'hui.

Je dois dire aussi qu'avec le recul je me rends bien compte que je n'étais pas heureuse dans cette relation et qu'elle ne me satisfaisait pas, mais elle remplissait un vide, comblait un manque et me donnait l'illusion d'être heureuse et je voulais la maintenir et la consolider à tout prix. Je n'étais plus seule, il y avait là en face de moi quelqu'un qui m'aimait sincèrement et qui voulait se projeter dans l'avenir avec moi, mais pas aussi vite que moi, pas dans un besoin compulsif de s'engager à tout prix comme c'était le cas pour moi, mais juste dans l'envie d'avancer à deux.

J'ai mis beaucoup de temps à faire tomber le voile que j'avais maintenu volontairement sur mes yeux pour enfin regarder la réalité en face et admettre que je m'étais leurrée pendant tout ce temps, et le retour sur terre a été terriblement douloureux, mais le temps et surtout la lassitude ont fini par faire leurs oeuvres et voilà que j'étais à nouveau debout, espérant trouver enfin un amour sincère et durable qui pourrait se construire sur des bases saines et solides...

Après cette lourde épreuve et toute cette souffrance, la mission ne m'apparaissait pas comme impossible - j'ai bien dit que j'étais têtue - mais tout de même assez compliquée. Il était évident que j'avais du chemin à parcourir, beaucoup de choses à régler avec moi-même et il me fallait trouver un moyen de comprendre ce qui n'allait pas pour vraiment avancer.

Et c'est mon amie Sarah, dont le deuxième prénom devait être «chieuse de première classe» qui a mis entre mes mains la clé qui allait me permettre un peu plus tard d'ouvrir la porte d'une nouvelle vie...

2.

Sarah et moi étions amies depuis le collège, nous formions une espèce de duo inséparable et pourtant sacrément contrasté. Elle était exubérante, un brin provocante, plutôt grande gueule et n'hésitait jamais à dire tout haut ce que tout le monde pensait tout bas avec une sorte de malice effrontée dont elle était fière. Elle en jouait, s'attirant souvent les foudres de ses aînés, mais elle arrivait toujours à trouver la juste dose pour ne pas franchir certaines limites et qu'au final, on ne puisse pas vraiment avoir quelque chose à lui reprocher.

De mon côté, j'étais extrêmement timide et réservée, je rougissais dès que je devais prendre la parole en public, je restais toujours en retrait, dans mon coin et me tenais bien tranquille sans jamais me plaindre de quoi que ce soit en espérant ne faire aucun faux pas qui aurait pu m'attirer des ennuis.

Elle était plutôt distraite concernant ses études et bien qu'ayant une véritable intelligence, elle se contentait toujours du minimum : «Juste ce qu'il faut pour ne pas repiquer.» disait-elle avec un large sourire, prétextant qu'il y avait bien des choses plus intéressantes à faire dans la vie que d'étudier.

D'une certaine façon, elle n'avait pas tort, mais jamais je

n'aurais osé suivre sa voie, moi qui avais tellement peur de ne pas en faire assez, de ne pas être à la hauteur et de passer pour une ratée. Elle était la folie, j'étais la raison. Elle était la tempête et j'étais la mer d'huile. Elle était le rouge et moi le blanc...

Aussi étrange que cela puisse paraître, nous nous sommes rapidement liées d'amitié, malgré nos différences. Nous étions pour ainsi dire complémentaires. J'avais besoin de quelqu'un de dynamique qui m'aiderait à sortir quelque peu de ma réserve et me montrerait le chemin vers une vie plus libre, et elle avait sans doute besoin de quelqu'un qui l'entende, l'écoute et l'admire, quelqu'un qui lui fasse sentir qu'elle aussi avait de la valeur, contrairement à ce que sa famille s'évertuait à lui faire croire. C'était pourtant quelqu'un de bien, une personne avec un coeur énorme et une grande sensibilité, mais la carapace qu'elle s'était construite avec le temps la faisait passer pour une peste et une emmerdeuse infréquentable.

Nous partagions nos joies et nos peines, nos rêves et nos espoirs, l'une soutenant l'autre dans les moments difficiles sans jamais porter de jugement. C'était une amitié sincère et solide qui durait maintenant depuis de nombreuses années.

Ce jour-là, Sarah avait décidé comme à son habitude de me tirer de ma tanière avant que je n'oublie que d'autres êtres humains existaient sur la planète. Il faut dire que j'avais souvent tendance à rester isolée dans mon coin, attendant que mon amie vienne me chercher et m'entraîne dans une nouvelle aventure, car c'était elle le capitaine du navire et je suivais toujours le mouvement même si ses idées me paraissaient parfois un peu farfelues.

Je crois que même en amitié, cette peur de ne pas être à la hauteur des attentes des autres était là, cette peur d'être abandonnée ou rejetée, d'être jugée ou mal perçue, alors je me contentais de suivre le courant sans jamais me demander si ça me convenait vraiment ou non. On me faisait déjà la grâce de penser à moi pour une sortie, c'était suffisamment extraordinaire pour que je ne ronchonne pas en plus si l'activité ne m'emballait pas plus que ça.

Voilà quel était mon état d'esprit à cette époque là. Je n'avais d'avis sur rien ou plutôt je n'exprimais jamais ma véritable opinion, j'étais toujours d'accord avec les autres, toujours aimable et souriante et lorsqu'on me demandait un service, j'étais tout bonnement incapable de dire non, toujours à cause de cette peur d'être rejetée. Au moins, je me sentais utile, ça me donnait l'impression d'exister et je pensais que ça me garantirait aussi la sympathie des autres. C'est surtout le rôle de «bonne poire» que ça me garantissait à vrai dire.

Sarah m'avait donc appelée dans la matinée en me parlant d'une espèce de foire de l'occulte, où voyants, marabouts, maîtres spirituels en tout genre et charlatans allaient se réunir. Les charlatans n'étaient bien sûr pas précisés sur le panneau à l'entrée, mais on les remarquait assez vite quand on voyait leurs numéros de cirque qui ressemblaient plus à une mise en scène ou une vaste comédie qu'à une véritable approche du monde spirituel.

C'est fou tout ce dont on se rend compte une fois qu'on a fait quelques pas de plus sur le chemin...

« Allez, je passe te chercher vers 15h, ça va être super amusant, j'en suis sûre ! » m'avait-elle dit sur un ton presque euphorique.

J'étais assez fatiguée et serais bien restée chez moi pour lire un peu et me reposer, mais mon amie était si enthousiaste, je ne voulais pas la décevoir alors j'acceptai, comme toujours.

Nous sommes arrivées sur les lieux vers 15h30, c'était une petite salle qui accueillait souvent des expositions de peintures ou des séminaires en tout genre, mais cette fois, il s'agissait d'un domaine qui n'avait rien à voir avec l'artistique ou le terre à terre, on entrait dans un autre monde.

Il y avait une petite file au guichet d'entrée, le parking était presque plein, on aurait dit que bon nombre de gens dans cette ville avaient besoin de mettre un peu de magie dans leur vie.
Il y avait sans doute beaucoup de curieux aussi qui auraient ainsi un nouveau sujet de raillerie lors de futurs dîners en famille ou entre amis. Quoi qu'il en soit, je commençais à regretter d'être venue, moi qui ne me sentais pas vraiment à l'aise au milieu de la foule.

Il était cependant hors de question de faire demi-tour maintenant et encore plus de peiner Sarah qui était excitée comme une puce et trépignait d'impatience à l'idée d'aller voir une de ces diseuses de bonne aventure qui se ferait sans doute une joie de lui dire tout ce qu'elle voulait entendre en ayant pris soin de vider son portefeuille au préalable.

Je n'avais jamais fait ce genre d'expérience jusque-là, mais me laissant entraîner par l'enthousiasme de mon amie, je me suis dit : «Pourquoi pas ?!» Après la chute vertigineuse qu'avait entraînée ma rupture, j'étais passée de naïve en puissance à méfiante extrême et cela concernait tous les aspects de ma vie comme si je n'osais plus croire à toutes ces belles choses que j'espérais par le passé, tous domaines confondus.

Alors oui, j'allais tenter l'expérience, mais sans grande conviction, et plutôt dans l'attente de me prouver à moi même que c'était bel et bien du vent et rien d'autre.

Après avoir passé un bon quart d'heure dans la file, nous avons pris nos tickets d'entrée accompagnés de plusieurs dépliants que l'hôtesse d'accueil nous avait donnés avec un sourire pincé qui semblait dire : « Dépêchez vous un peu que je puisse enfin être payée et rentrer chez moi », sourire dont elle ne se débarrassait même pas pour parler, à croire qu'une paralysie faciale la maintenait dans cet état.

Sur ces dépliants se trouvaient des encarts publicitaires ventant les mérites de tous les intervenants du salon, visiblement plus extraordinaires les uns que les autres, étant tous des étoiles, des maîtres et bien sûr les meilleurs dans leur domaine, mais tout cela sonnait plus le commercial que le sincère. Aucune sobriété, aucune humilité, seulement de la poudre aux yeux pour qui attirera le plus de crédules dans son piège. Ce qui se passait ici n'était que le triste reflet de ce qui se passait dans le monde entier où le respect et l'entraide avaient été écrasés par la loi du plus fort.

Nous avancions désormais dans le chacun-pour-soi, la victoire étant toujours attribuée à celui qui était le plus riche, le plus puissant, le plus fort, le plus beau, le plus intelligent, etc. Le monde ressemblait à un vaste champ de bataille où il n'y avait que compétition et jalousie et finalement, les peuples dits « non civilisés » restaient encore les plus humbles et les plus intègres que cette terre ait portés. Le monde ne tournait plus rond depuis longtemps déjà et plus on possédait, plus on disposait de moyens censés nous faciliter la vie et plus on devenait égocentrique et fermé aux autres...

Nous venions de franchir le hall d'entrée et arrivions à présent dans une immense salle, où de petites cabines de fortune avaient été montées à l'aide de rideaux et de panneaux en tout genre, afin de donner un peu d'intimité aux exposants et à leurs clients.

Sarah me tirait par le bras pour m'entraîner vers les différentes cabines et lire les panneaux de présentation de chacun afin de faire son choix. On aurait dit une petite fille face à un sapin de Noël entouré de cadeaux. Elle avait les yeux luisants d'excitation et on aurait dit que ce moment était le plus heureux de sa vie.

De mon côté, j'étais bien sûr ravie qu'elle soit aussi contente, mais je craignais également que la chute ne soit rude si l'expérience s'avérait finalement être moins positive que ce qu'elle en espérait. Il m'était déjà arrivé souvent de la voir dans une véritable euphorie, se réjouissant à l'avance de quelque chose qui n'était pas encore là, pour ensuite devoir la ramasser à la petite cuillère parce que la réalité s'était finalement présentée devant elle avec un tout autre visage que celui qu'elle pensait découvrir.

Ça ne l'empêchait pas cela dit de recommencer systématiquement l'expérience après avoir versé quelques larmes. Elle reprenait très vite du poil de la bête et repartait dans ses délires imaginaires qui semblaient lui faire du bien sur le moment, mais qui finissaient inévitablement par la faire souffrir, parce que jusque-là, l'issue n'avait jamais été celle qu'elle attendait.

Au final, sa souffrance était-elle vraiment provoquée par les événements, ou étaient-ce ses attentes déçues qui lui faisaient mal ? Que se serait-il passé si elle n'avait pas laissé son imagination lui donner la vision d'un futur idéal qui ne correspondait pas à la réalité des choses et qu'elle était restée libre de toute attente ? Je suppose que si nous n'attendons rien de particulier de la vie et ne focalisons pas nos espoirs dans une direction précise, alors on ne pourra pas être déçu ou souffrir de quoi que ce soit...

Sarah pressa le pas en voyant qu'une des cabines venait de se libérer, elle était visiblement déterminée à savoir ce que la roue du destin allait lui présenter et ne voulait pas perdre une seconde de plus à porter ses incertitudes sur le dos.

Elle me fit un large sourire qui annonçait qu'elle avait fait son choix, elle ne prit même pas la peine de lire plus amplement la pancarte qui se trouvait devant la cabine et se précipita vers la dame qui se tenait debout à l'entrée, avant que quelqu'un d'autre ne vienne prendre cette place qu'elle estimait désormais être la sienne.

Je décidai donc de l'attendre devant la cabine en espérant pour elle que l'expérience ne soit ni décevante ni illusoire. Elle me fit un dernier signe avant d'entrer et le rideau se referma derrière elle.

Il ne me restait plus qu'à trouver un peu d'occupation en attendant qu'elle ressorte. Je me tournai vers la pancarte qui se situait à ma droite et lus ce qui y était écrit, pas vraiment par intérêt, mais surtout pour faire passer le temps un peu plus vite.

La dame qui avait accueilli chaleureusement mon amie s'appelait Rose, et sous son nom on pouvait lire : « La voix des Anges ».

« Rien que ça ! » pensai-je en lisant le reste de la pancarte où on évoquait tous les prix remportés par cette dame lors de différents concours ésotériques et où étaient affichés plusieurs articles de journaux la concernant. Il n'y avait pas à dire, cette personne paraissait très douce et agréable, ce que je venais de lire laissait penser qu'elle savait ce qu'elle faisait et qu'elle était de bonne foi, mais quel tralala pour vanter ses mérites ! Un agent d'assurance n'aurait sans doute pas mieux fait pour vendre ses services.

Je me dis qu'après tout, elle ou un autre ce serait la même chose et si je choisissais moi aussi cette personne pour m'éclairer sur mon avenir, Sarah et moi pourrions comparer nos expériences et voir si oui ou non ses propos tenaient la route. J'étais décidée, j'irais aussi !

Je fis quelques pas devant la cabine en observant ce qui se passait autour de moi. Les gens entraient et sortaient de ces petits espaces aménagés le temps d'un week-end, certains avec un sourire radieux, d'autres avec une mine complètement dépitée en fonction sans doute de ce qu'on leur avait annoncé à l'intérieur. D'autres personnes encore faisaient le tour d'un immense stand installé au milieu de la salle où étaient exposées toute sorte de breloques : pendules, livres, jeux de cartes, encens et bien d'autres choses encore dont je n'avais pas la moindre idée de ce à quoi ça pouvait bien servir.

Les intervenants affichaient tous un visage souriant, sourire crispé, voire forcé pour certains, mais ils n'avaient visiblement pas l'intention de céder du terrain à la concurrence et étaient déterminés à se montrer les plus agréables possible dans l'espoir sans doute de rentrer chez eux les poches pleines à ras bord.

Il y avait aussi ceux qui grinçaient imperceptiblement des dents lorsque la proie convoitée passait devant leur stand et entrait dans celui qui se trouvait juste à côté, mais ils ne se décomposaient par pour autant et redoublaient d'efforts pour être encore plus souriants afin de ne pas louper le client suivant. Drôle de spectacle qui se déroulait devant mes yeux...

Une demi-heure s'était déjà écoulée, Sarah n'allait probablement pas tarder à sortir de la cabine. Et quelques minutes plus tard, voilà le rideau qui s'ouvrait et mon amie qui arrivait vers moi avec un sourire triomphal, comme si elle était la jeune femme la plus heureuse de l'univers, ce qui était probablement vrai à cet instant.

« Si tu savais !! C'était génial ! Qu'est-ce qu'on a bien fait de venir ! Je te raconte tout ça dans deux minutes, mais il faut d'abord que j'aille faire un tour aux toilettes, je crois que ma vessie va exploser ! » me dit-elle dans un grand éclat de rire.

« Si tu veux y aller aussi, ne m'attends pas, je te raconterai tout quand tu sortiras, après tout, tu es sans doute pressée de savoir aussi ! » ajouta-t-elle en s'éloignant à reculons avant de se mettre à trottiner vers le hall d'entrée.

« Bon... Qu'est ce que je fais ? » me dis-je soudain assez hésitante. J'étais partagée entre la curiosité qui me disait : « Vas-y !! » et l'appréhension qui avait tendance à me faire reculer en pensant que tout ça était ridicule et que ça ne m'apporterait rien de toute façon.

Je fus distraite l'espace d'un instant par quelqu'un qui passa derrière moi dans un étrange courant d'air froid alors que nous étions en plein milieu d'un été caniculaire, et me bouscula sans même prendre le temps de s'excuser. Je me retournai donc pour voir qui était ce grossier personnage, mais à ma grande surprise il n'y avait personne autour de moi.

La plupart des gens présents dans la salle étaient à cet instant attroupés devant une estrade où un animateur présentait un des intervenants du salon qui allait faire un numéro d'hypnose.

Quelques autres attendaient leur tour devant les différentes cabines, d'autres encore discutaient un peu plus loin assez bruyamment, mais j'avais beau chercher, il n'y avait personne à proximité et personne n'aurait pu filer suffisamment vite pour que je ne l'aperçoive pas...

J'avais dû rêver. Toute cette agitation autour de moi et la chaleur étouffante avaient dû me perturber quelque peu et j'avais cru sentir quelque chose qui n'était en fait que le fruit de mon imagination.

Je retournai donc à ma réflexion en me disant qu'après tout, si déjà j'étais venue jusque-là, autant aller jusqu'au bout. La dame qui avait accueilli Sarah était encore attablée, elle avait devant elle ce qui semblait être une caisse, et même si je ne voyais pas ce qu'elle faisait je supposai qu'elle comptait sa récolte du jour étant donné le sourire extrêmement satisfait qu'elle affichait.

Quelques instants plus tard, elle referma la boîte et se leva pour venir se replacer tranquillement à l'avant de sa cabine que tout le monde sache qu'elle était à nouveau disponible.

J'allai m'avancer vers elle quand une main posée fermement sur mon bras m'arrêta dans mon élan. Je m'attendis à voir le visage de Sarah en me tournant, mais il n'en était rien. Il s'agissait en fait d'un vieux bonhomme qui devait avoir entre 60 et 70 ans je suppose. En fait je n'ai jamais eu aucune idée de son âge réel.

Ses cheveux blancs donnaient l'impression qu'il avait déjà franchi un certain seuil d'usure, mais il y avait une étrange lueur dans son regard, une énergie assez imposante dans sa manière d'être qui me poussait à me dire qu'après tout, il n'était peut-être pas si vieux que ça...

Il marchait par ailleurs avec une canne, traînant avec lui une jambe droite presque paralysée à la suite d'un malheureux accident de voiture ou plutôt d'un « heureux accident de la vie » comme il l'avait expliqué plus tard.

Cet homme était en effet convaincu que ce que nous qualifions habituellement de malheurs dans notre existence ne sont que des cadeaux de la vie pour nous éviter de vivre des drames encore plus grands et nous ouvrir ainsi la porte vers la voie de la lumière.

La première fois qu'il m'a présenté cette vision des choses, j'ai pensé qu'il était fou ou que l'accident de voiture l'avait tout bonnement transporté dans un autre monde, dans une vision décalée de la réalité, mais après tout, ce n'était sans doute pas un mal, car il était visiblement serein et heureux et il disposait de ses pleines capacités cérébrales et d'une grande intelligence en dehors de ce genre d'excentricités qu'il sortait de sa bouche comme d'autres respirent.

Je me tenais donc devant cette cabine, à côté de cet

homme qui m'observait avec un regard bienveillant et dont la main était toujours posée sur mon bras, sans que je n'en comprenne vraiment la raison. Je ressentis à nouveau cette drôle de sensation de froid, comme si cela émanait directement de sa personne. Il dégageait une sorte de magnétisme puissant, quelque chose de très particulier que je n'aurais pas pu définir avec des mots, comme un flot d'énergie qui aurait évolué autour de lui en continu. C'était vraiment étrange...

Ma première pensée était qu'il allait sans doute me demander si je voulais bien patienter et lui céder ma place, car sa jambe le faisait souffrir et il ne pouvait rester trop longtemps debout à attendre, mais en fait, il n'était nullement question de prendre la tête de cette file d'attente qui ne comptait que nous deux.

« Tu n'es pas heureuse de ta vie et voudrais bien la voir changer, n'est-ce pas ? » me dit-il avec toujours ce même regard bienveillant.

« Évidemment, comme tous les gens qui viennent à ce type de manifestation ! » eus-je envie de lui répondre. Mais à la place, je me contentai de hocher la tête en signe d'affirmation, poussée par un je ne sais quoi qui me disait qu'il était préférable d'accorder ma confiance à ce vieil homme qu'à la grande Rose que je m'apprêtais à aller voir quelques minutes avant cela.

« Alors suis moi et allons discuter là-bas... » me répondit-il en m'indiquant des tables installées un peu plus loin où les gens pouvaient venir faire une pause et se restaurer en attendant leur tour, ou simplement pour discuter.

J'allai protester en répliquant que j'avais l'intention d'aller consulter cette femme qui était juste là, mais comme s'il devinait ma pensée il me dit : « Ne perds pas ton temps avec elle, elle dit à toutes les jeunes femmes qu'elles vont se marier avec un homme beau et très riche et qu'elles auront tout ce qu'elles désirent dans la vie... »

Je ne savais plus quoi penser... Était-il lui aussi un de ces charlatans qui tentait de voler une proie à son adversaire et avait un tel culot qu'il venait oeuvrer juste sous le nez de son concurrent ? Mais voilà qu'une autre main se posa cette fois sur mon épaule, amenant avec elle la réponse à cette question.

Sarah était de retour, et sans même se préoccuper de la présence de cet homme à côté de moi, commença à sautiller sur place en me disant : « Tu ne le croiras jamais !! Cette femme a vu que j'allais faire une rencontre super importante dans quelques mois et que ce serait l'homme de ma vie. Elle m'a dit que c'était quelqu'un de fortuné, qui aurait une situation vraiment très importante et qui allait me combler de bonheur ! Elle a dit qu'elle me voyait vraiment la plus heureuse du monde et que ça durerait toute la vie !! Tu te rends compte ?!»

Elle avait les yeux brillants de bonheur et je posai alors un regard triste sur le vieil homme en me rendant compte qu'il avait probablement raison et que mon amie allait sans doute une fois de plus souffrir de ses illusions.

Je fis mon maximum pour cacher ma déception à Sarah et faire en sorte de ne pas lui gâcher sa joie et heureusement elle m'évita un effort trop lourd en me disant qu'elle allait encore faire un tour et demander l'avis d'une autre personne histoire de voir quels autres événements on allait lui annoncer.

Je n'eus même pas le temps de répondre qu'elle était déjà repartie, me laissant avec le vieillard qu'elle n'avait même pas remarqué.

Je me tournai donc vers lui qui avait observé la scène sans rien dire, et tout en commençant à marcher vers les tables qu'il m'avait indiquées je lui dis : « Très bien, allons discuter alors... »

3.

« Mais pourquoi est-ce que je suis venue ici ?! », pensai-je en m'asseyant à la première table libre que je trouvai, en me disant qu'à présent, au lieu d'entendre une femme déguisée en mystique me raconter des absurdités sur un avenir qu'elle allait se faire un plaisir de me vendre tel un conte des mille et une nuits, j'allais avoir droit à une leçon de morale d'un ancien sur la vie et les choix que je devrais faire pour éviter de tomber dans les mêmes pièges que lui.

Ou alors c'était tout simplement une sorte de «voyeur» qui vivait sa vie par procuration et traînait dans ce genre de foire expo à la recherche de sujets sensibles et vulnérables à qui il pourrait poser des centaines de questions sur leurs vies en espérant y trouver un peu d'épices à ajouter au vide de sa propre existence...

« Et si c'était juste un pervers tentant de m'amadouer et de gagner ma confiance pour ensuite me faire des propositions douteuses ?? » pensai-je soudain en proie à un instant de panique...

Mais je chassai cette pensée bien vite en me disant que même si j'avais été plutôt naïve à une époque, je n'étais tout de même pas stupide, et nous étions entourés de gens. Il y avait un agent de sécurité qui surveillait la salle et puis avec sa jambe, il ne risquait pas d'aller bien loin si je me mettais à courir.

Une fois ces différents éléments passés en revue, je pus enfin me détendre un peu, assez curieuse à vrai dire de ce que le vieux bonhomme avait à me dire.

Il me regarda un moment droit dans les yeux et semblait attendre que je sois prête à l'écouter avant de mettre enfin un terme à ce silence qui commençait à devenir pesant.

« Si tu devais choisir un seul mot pour définir ta vie aujourd'hui, lequel serait-ce ? » me demanda-t-il tranquillement.

Mmm, il commençait fort ! Ma vie en un seul mot... Il y en avait à vrai dire beaucoup que j'aurais pu choisir pour coller une étiquette sur mon existence : ordinaire, banale, terne, lourde, ennuyeuse à mourir ! Voilà la définition que j'aurais pu soumettre si quelqu'un avait eu l'idée complètement saugrenue d'inclure le concept de ma vie dans un dictionnaire.

Un seul mot... Je pris quelques minutes pour y réfléchir, car même si je ne pensais pas que ce vieil homme pouvait m'apporter quoi que ce soit de plus que cette diseuse de bonne aventure qui avait ébloui Sarah avec ses paillettes imaginaires, je me disais que tant qu'à être là, autant jouer le jeu et prendre la chose au sérieux. Qui savait où ça pourrait me mener après tout...

Après avoir longuement hésité, je me décidai enfin à lui dévoiler LE mot et je lui lançai assez satisfaite de ma trouvaille : « Normale ! »

Il n'afficha aucune réaction particulière à ma réponse, si ce n'était un léger haussement de sourcil et me dit : « Tu te sens heureuse et épanouie dans ta vie ? Joyeuse et sereine ? Comblée et satisfaite à tous les niveaux ? »

« Et bien... » commençai-je sans trop savoir quoi répondre à cela.

« Ne te fatigue pas à répondre, me coupa-t-il, si tu es venue ici aujourd'hui et si tu t'apprêtais à entrer dans cette cabine, ce n'est certainement pas parce que tu es la jeune femme la plus heureuse sur Terre et que tu es satisfaite de ta vie, n'est-ce pas ? »

Je décidai alors de jouer franc-jeu et lui répondis : « C'est vrai... Je suis seule, je n'ai même pas d'amoureux imaginaire à qui penser... Quand mon intérêt se porte sur quelqu'un, soit il est déjà accompagné ou il ne s'intéresse pas du tout à moi... Je suis serveuse dans un petit restaurant où l'ambiance est certes sympa, mais où mes horaires sont assez pénibles pour un salaire qui me permet à peine de payer mes factures. Je vis dans un tout petit appartement qui doit à peine être plus grand que la chambre de Cendrillon et je n'ai même pas un animal domestique qui pourrait me tenir compagnie... Ma propriétaire a été formelle et ne veut pas de ces « vermines » comme elle dit chez elle... Alors non, je ne peux pas dire que je sois vraiment heureuse et épanouie, ou que ma vie aujourd'hui corresponde à celle dont j'avais rêvé, mais quand on regarde un peu le monde, je n'ai pas le droit de me plaindre pour autant.

— Donc selon toi, jeune fille, c'est ça une vie «normale»...

— Eh bien oui, lui répondis-je en commençant à ressentir un léger malaise. La plupart des gens que je connais ont une vie assez ressemblante à la mienne et même quand ça se passe bien d'un côté, il y a toujours des problèmes de l'autre. Rien n'est parfait, la vie est ainsi faite et je suppose que plus vite on s'y habitue, mieux ça se passera. »

Le vieil homme m'observa à nouveau pendant quelques minutes en restant parfaitement silencieux, sans laisser entrevoir quoi que ce soit qui aurait pu me donner un indice sur ce qu'il était en train de penser.

Il reprit enfin : « Donc tu es en train de me dire que toi et tes connaissances, qui avez tous la science infuse et détenez la vérité universelle, avez proclamé que la normalité était d'avoir une vie pourrie où on survit plus qu'on ne vit et où on se contente d'une demi-mesure et d'un semblant de bonheur en attendant que la grande faucheuse veuille bien venir nous soulager de cet horrible fardeau qu'on se sera évertué à supporter sans broncher pendant des dizaines et des dizaines d'années voire une centaine pour les plus malchanceux d'entre nous ? »

J'étais totalement figée sur place, vexée comme un pou qu'il ose déformer mes propos de la sorte en étant soudainement si brutal dans ce qu'il me disait. Il était pourtant toujours aussi souriant et calme, mais ses dernières paroles m'avaient fait l'effet d'une grosse gifle en pleine figure et m'avaient laissée totalement abasourdie.

Je tentai de retrouver une contenance pour lui répondre : « Ce n'est pas du tout ce que j'ai dit!»

Sur quoi il rétorqua, impassible : « Et bien si ma jeune amie... Tu viens de me décrire ta vie qui me semble être tout sauf heureuse, et lorsque je t'ai demandé de me donner un seul mot pour la définir, tu me dis qu'elle est normale... Si ta vision de la normalité c'est ça, je suis bien triste pour toi, car tu passes à côté de l'essentiel alors qu'il est juste sous tes yeux...

— Je ne suis pas sûre de vous suivre, répliquai-je assez dubitative.

— Et bien, penses-tu que la vie ne se résume qu'à cela ? Un éternel combat qui va durer tout au long du chemin et où il faudra se contenter des miettes que nous trouverons en cours de route en espérant pouvoir vivre quelques rares moments de bonheur par-ci par-là au milieu d'un flot constant d'épreuves et d'obstacles en tout genre ? Prends le temps d'y réfléchir et dis-moi vraiment le fond de ta pensée, si tu veux bien. »

Le vieillard commençait vraiment à provoquer en moi une étrange confusion, mélange entre une curiosité qui s'intensifiait et un malaise intérieur qui grandissant lui aussi. Je m'étais réveillée ce jour-là avec ce que je pensais être une bonne humeur, cette journée était jusque-là pour moi une bonne journée, et cet homme, sorti de nulle part une demi-heure plus tôt, semblait insinuer que j'étais complètement à côté de la plaque et qu'au lieu de mener une vie normale je menais tout bonnement une vie totalement ratée !

Ça devait être une farce, ou alors il travaillait pour une société de pompes funèbres non loin de là et touchait une commission chaque fois qu'il arrivait à pousser quelqu'un au suicide à travers ce genre de propos...

Ma vie n'était certes pas extraordinaire, elle ne ressemblait pas franchement à une existence de rêve, mais ce n'était pas si catastrophique après tout, j'allais bien et je ne me débrouillais pas trop mal, alors de là à utiliser le mot « pourrie » pour définir mon existence, c'était vraiment cruel et déplacé, surtout venant d'un inconnu qui ne savait rien du tout de celle que j'étais et de mon parcours jusque-là ! J'étais décidée à ne pas me laisser démonter pour si peu et à lui remettre les idées en place qu'il fasse preuve d'un peu plus de respect à mon égard. D'accord, il devait avoir pas loin du triple de mon âge, mais ce n'était pas une raison pour me maltraiter psychologiquement de la sorte et se croire tout permis !

« Peut-être que le mot « normale » que j'utilise pour définir ma propre vie ne correspond pas à votre vision des choses et à votre parcours et tant mieux pour vous, mais ma vie n'a rien d'une existence pourrie comme vous dites ! Je suis quelqu'un de bien et je fais de mon mieux pour avancer malgré les difficultés qui se présentent en cours de route. La vie n'est pas quelque chose de facile et il y aura toujours des épreuves à surmonter, mais elles nous permettent sans doute de devenir meilleurs et plus forts et je crois que l'important c'est de toujours se relever pour être prêt à affronter la suivante sans baisser les bras ! Et puis il paraît qu'on récolte ce que l'on a semé, alors si Dieu me punit c'est que je l'ai sans doute mérité quelque part, même si c'était dans une autre vie ! » lui répondis-je, plutôt fière de l'avoir rembarré de la sorte du haut de mes vingt-deux printemps.

Il laissa échapper un léger soupir comme s'il tentait de m'expliquer depuis une heure une évidence absolue que je m'évertuais à ne pas vouloir comprendre et poursuivit : « Donc, à travers ton existence que pas grand monde sans doute n'envierait, tu te poses en martyre acceptant d'encaisser toutes les souffrances de la vie, pensant, en plus, qu'elles sont justifiées et que c'est là la voie de ton salut... Pensant aussi que c'est là la seule voie possible pour grandir et devenir une personne meilleure... Alors tu te dis que tu n'as pas le choix, qu'il faut de toute façon faire avec et qu'avec un peu de chance ton calvaire s'arrêtera bientôt pour laisser la place à un peu plus de joie, quand tu auras suffisamment souffert aux yeux de ton Créateur pour mériter un peu de bonheur, c'est bien cela ? »

Est-ce que c'était mon imagination ou est-ce que cet homme me provoquait délibérément pour tenter de me faire exploser en plein milieu de la foule et faire en sorte que je finisse par lui hurler dessus tellement ses propos étaient tranchants ? Mais pour qui se prenait-il à me faire la leçon et à juger ma vie alors qu'il ne me connaissait pas et devait visiblement vivre reclus pour ne pas savoir ce qui se passait sur Terre de nos jours !

Là c'en était trop, il n'allait pas continuer à m'écraser de la sorte, il fallait que je réagisse !

« Si vous cherchiez une cible pour vous défouler de vos petites frustrations personnelles il fallait vous diriger vers quelqu'un d'autre ! J'en ai assez d'écouter vos conneries, de vous entendre me juger et dénigrer ma vie comme si c'était une merde alors que la plupart des gens sur cette planète sont dans une situation similaire en bien des points voire dans des situations encore pires ! Je ne sais pas ce que vous cherchez et ce que vous me voulez, mais ça suffit comme ça ! Je ne vous laisserai pas me gâcher la journée ! Alors je vais m'en aller et vous souhaiter bien du courage parce que vous devez être bien malheureux pour être si méchant!»

J'allai me lever, folle de rage, et filer en vitesse en ruminant cette colère qui m'empêcherait sans doute de dormir une fois arrivée dans mon lit, mais il me regarda alors avec un regard plein de compassion et de demanda : « Si ta vie est vraiment si normale que ça, pourquoi penses-tu si souvent à la mort ? »

Sa question me coupa net dans mon élan. Toute ma colère retomba d'un coup et je sentis les larmes me monter aux yeux. Je restai là sans bouger à le fixer durant plusieurs minutes, puis finis par me décider à me rasseoir en lui disant dans le plus grand calme à présent : « Pourquoi me demandez-vous cela ? »

Il se contenta d'un de ses éternels sourires bienveillants en guise de réponse et je compris qu'il était inutile de tricher avec cet homme là, il semblait lire en moi plus clairement que je n'avais jamais pu le faire moi même.

Oui je pensais souvent à la mort, sans pour autant envisager un passage à l'acte concret, mais j'espérais la voir arriver un jour prochain en souhaitant qu'elle m'évite ainsi de vivre encore ce qui me semblait être une éternité d'une vie fade, sans saveur. C'était la solution de facilité, la porte de sortie qui pourrait m'éviter de devoir souffrir encore et encore, qui me permettrait de trouver enfin la sérénité à laquelle j'aspirais sans devoir encore subir les « joies » de l'existence terrestre pendant les décennies à venir.

Quand on est jeune, on imagine toujours que les choses resteront éternellement dans l'état dans lequel elles sont, pensant à tort que les changements et les rebondissements n'existent pas ou alors seulement dans la vie des autres, et quand quelque chose qu'on souhaite n'arrive pas tout de suite, on pense alors que ça n'arrivera jamais. On se projette dans un avenir fidèle en tous points à notre expérience de la vie à ce moment-là et on croit être condamné à vivre et revivre inlassablement la répétition de cette même journée qui vient juste de s'écouler.

Alors oui, cette attente de la mort était sans doute une preuve de lâcheté ou d'un manque de courage, mais c'était bien la réalité des choses. En fait, je crois que je ne souhaitais pas vraiment mourir, mais seulement commencer à vivre, à vivre vraiment...

Le vieil homme avait patienté un petit moment avant de reprendre la parole, sans doute pour me laisser le temps de m'apaiser quelque peu, puis il me dit : « Je sais qu'au jour d'aujourd'hui tu as du mal à envisager que ta vie puisse un jour changer et évoluer dans une direction plus favorable. Tu penses que la malchance te poursuivra durant toute ton existence et tu penses aussi devoir subir ça sans avoir de solution pour t'en sortir autre que le combat, mais je t'assure qu'il y a une autre voie et je peux t'enseigner cette voie, mais seulement si tu le désires... »

Je le regardai interloquée, me demandant où pouvait bien être le piège et me décidai à lui poser directement la question : « Et qu'est ce que vous voulez en échange ? Je vous l'ai dit, je ne gagne pas beaucoup d'argent et n'aurai sans doute pas de quoi vous payer vos enseignements. Et puis, pourquoi feriez-vous ça après tout ? Vous ne me connaissez pas, vous ne me devez rien, je ne vois pas pourquoi vous perdriez votre temps avec quelqu'un comme moi ! »

Il se pencha légèrement en avant et me répondit en souriant : « Et bien, je suis un vieil homme solitaire qui adore bavarder, malheureusement je n'ai plus aucune famille par ici. Par ailleurs, comme tu l'auras sans doute remarqué, mon état physique ne me permet plus de faire tout ce que je voudrais faire, aussi, j'accepterai volontiers un coup de main pour mettre en ordre ma boutique et y faire quelques bricoles par-ci par-là. Je ne t'aurais pas demandé d'argent, mais si tu tiens à ce qu'il y ait un échange équitable, alors tu pourras me donner un peu de ton temps pour m'aider et en échange je t'apprendrai tout ce que je sais ! »

J'étais plus que surprise de cette offre et j'avoue qu'il m'avait piquée à vif dans ma curiosité. Dans mon ego aussi d'ailleurs... Alors je pris quelques instants pour réfléchir et lui demanda de quel type de boutique il s'agissait exactement.

« Je tiens une petite librairie pas loin du centre-ville, rue de la Liberté. C'est juste en face d'une petite chapelle qui se trouve sur les hauteurs. Si tu prends l'entrée sud de la ville et suis les panneaux t'indiquant le centre, tu ne pourras pas louper la chapelle, car tu passeras obligatoirement devant.

— Je connais cette chapelle, lui répondis-je, je passe devant presque tous les jours pour me rendre sur mon lieu de travail. À vrai dire, ce n'est pas très loin de chez moi, je pourrais y être en quelques minutes à pieds.

— Acceptes-tu ma proposition dans ce cas ? »

Je pris encore quelques instants pour y réfléchir et m'entendis lui dire : « C'est d'accord ! Quand dois-je venir ? »

Il me sourit d'un air ravi et me dit : « Il n'y a aucune obligation, tu viendras quand tu en auras le temps et l'envie, je te donnerai quelques tâches à faire à chacune de tes visites et je te transmettrai tout ce que je pourrai te transmettre... Les portes de la boutique restent en général ouvertes jusque tard dans la nuit, tu pourras donc venir quand tu le souhaiteras. »

Le vieil homme se leva alors, me tendit ce qui semblait être une carte de visite qu'il venait de sortir de sa poche, et se contenta d'un « à bientôt ! » avant de s'éloigner à pas lents de la table en prenant la direction de la sortie.

À ce même moment, j'entendis la voix joyeuse de Sarah qui revenait de son expédition et commença à parler alors qu'elle se trouvait encore à trois ou quatre mètres de la table.

« Lucie !! Tu es là ! Rholala, tu ne devineras jamais ! J'ai encore des tas de choses à te raconter !! »

« Moi aussi j'aurais des tas de choses à te raconter... » pensais-je songeuse.

Mais je préférai garder ça pour moi en attendant d'en savoir plus, et je crois que j'étais également encore trop piquée dans mon amour-propre pour pouvoir répéter les paroles prononcées par le vieil homme lors de notre conversation.

J'irais le voir dans quelques jours et j'en saurais probablement plus...

4.

Réveil en sursaut ! Je venais juste d'ouvrir les yeux après avoir fait un cauchemar certes assez classique — un monstre ou le diable, je ne sais pas, me poursuivait et je tentais désespérément de trouver une cachette dans le jardin de mes parents — mais qui laissait toujours un sentiment de malaise au réveil, le temps de vraiment réaliser qu'il ne s'agissait que d'un mauvais rêve.

Je tournai les yeux vers mon réveil, la lumière rouge annonçait 4h10 du matin. Encore une nuit interrompue comme souvent, ce n'était pas demain la veille que j'allais enfin dormir paisiblement.

Il y avait une légère clarté dans la pièce, les rayons de la lune filtraient à travers d'anciens volets et un silence absolu régnait au-dehors comme au-dedans. On aurait presque pu croire que j'étais le seul être vivant dans cet immeuble.

Soudain, j'eus un sentiment étrange, comme s'il y avait quelqu'un d'autre avec moi dans cette pièce. Pourtant, la luminosité me permettait de distinguer tout ce qui se passait autour de moi, j'étais totalement seule.

« Sans doute le cauchemar qui fait encore son petit effet. » me dis-je en fermant les yeux pour tenter de me rendormir.

Alors que je commençais tout juste à m'apaiser, cette impression étrange s'amplifia, de plus en plus fortement jusqu'à devenir une certitude. Je n'ai pas de mots pour expliquer ce que j'ai ressenti à ce moment-là, car il n'y avait pourtant rien de concret et de palpable qui m'aurait prouvé que quelqu'un d'autre était là, mais je le ressentais avec une force imposante, j'étais convaincue qu'il se passait quelque chose, même si je ne comprenais pas quoi.

J'ouvris les yeux sentant la peur monter violemment en moi et m'apprêtai à tendre le bras vers ma lampe de chevet, quand soudain je me rendis compte que c'est toute l'atmosphère autour de moi qui avait changé et que même la clarté de la pièce commençait à s'intensifier de plus en plus.

Je ne comprenais pas ce qui se passait, la peur avait cédé la place à une panique complète qui me paralysait totalement.

C'est ensuite que je me suis rendu compte que la lumière qui éclairait la pièce de plus en plus fortement provenait du bas de mon lit, la source se trouvait juste à mes pieds.

Je vis une sorte de boule lumineuse qui commença à grandir de plus en plus jusqu'à prendre toute la hauteur de la pièce. Je n'arrivais pas à bouger, mon souffle était court, j'étais tétanisée parce que je savais bien que tout ceci n'était pas normal et que cette lumière ne pouvait être que la manifestation d'un autre monde, mais je ne me sentais pas capable d'ouvrir cette porte là et d'accepter que ma réalité, mon univers, certes barbants, mais bien paisible, viennent se mêler à quelque chose auquel je croyais, mais qui me faisait horriblement peur et que je ne voulais pas expérimenter concrètement... Sauf que là, je n'avais pas vraiment le choix, tout cela s'imposait à moi et je ne savais absolument pas quoi faire, je n'arrivais même plus à penser, figée sur place entre un sentiment d'angoisse absolue et une étrange fascination malgré tout.

Concrètement, il n'y avait rien dans ce phénomène qui aurait dû m'angoisser, il n'y avait ni monstre, ni personnage effrayant, juste de la lumière, mais la peur était plus forte que tout, je ne pouvais pas la contrôler et j'ai souhaité de toute mon âme que ça s'arrête.

Au lieu de ça, j'ai commencé à me sentir littéralement absorbée par cette lumière, je glissais vers elle sans pouvoir contrôler quoi que ce soit, je ne pouvais absolument rien faire, je n'arrivais même pas à crier et ...

J'ai ouvert les yeux !

La peur était si forte que je n'ai pas pu bouger pendant plusieurs minutes encore. Tout dans la pièce était à l'identique du décor de ce rêve, dans les moindres détails... Quand j'ai enfin réussi à retrouver mes esprits, j'ai bondi sur l'interrupteur de ma lampe de chevet et ai appuyé sur le bouton toute tremblotante.

Bien évidemment, comme à chaque fois que ça n'était vraiment pas le moment, l'ampoule a claqué comme si un petit farceur voulait venir m'en rajouter une couche, alors j'ai sauté de mon lit et ai allumé une autre lampe qui se trouvait un peu plus loin en m'efforçant de ne pas regarder l'autre côté de la pièce au cas où il y aurait vraiment quelque chose ou quelqu'un.

Ouf ! La lumière était enfin allumée et j'ai pu constater que le paysage avait repris son allure habituelle, sans lumière sortie de nulle part, sans fantôme ou quoi que ce soit d'autre qui aurait pu être inquiétant.

Je me suis alors tournée vers le réveil pour voir quelle heure il était et j'ai fait un bond en arrière en constatant qu'il était 4h15... Une coïncidence ! Ça ne pouvait être rien d'autre qu'une coïncidence... Mon inconscient savait sans doute quelle heure il était et avait projeté mon rêve dans la plage horaire réelle histoire de me foutre une frousse colossale et me punir de ma paresse excessive lorsque durant le week-end je restais au lit parfois jusqu'au début d'après-midi.

Toutes les explications, même les plus farfelues étaient bonnes à cet instant, pourvu que mes pensées ne me poussent pas à croire que ce qui avait été vécu là puisse avoir un quelconque rapport avec la réalité.

Non ! J'avais ouvert les yeux, donc j'avais bien rêvé, tout ceci n'était qu'un cauchemar et rien d'autre que ça. Je n'étais plus un bébé, je n'allais pas me laisser impressionner par un petit rêve de rien du tout, j'allais me recoucher, me rendormir et tout irait pour le mieux dans le meilleur des mondes.

Après avoir malgré tout inspecté les moindres recoins de la pièce, et de tout l'appartement, après avoir même regardé sous mon lit au cas où, je me décidai enfin à me recoucher en ayant oublié — totalement volontairement — d'éteindre la lumière, parce qu'il était hors de question de prendre le moindre risque de vivre cette expérience une seconde fois pendant la nuit !
Si jamais je replongeais dans un nouveau cauchemar comme c'est parfois le cas lorsque nous ne sommes pas suffisamment réveillés à la sortie d'un premier mauvais rêve, au moins je pourrais me réveiller plus vite et retrouver mes points de repère en un rien de temps.

J'ai dû passer une heure à ouvrir et refermer les yeux en scrutant la pièce autour de moi pour m'assurer que tout était normal, et finis par me rendormir, sans cauchemar cette fois.

C'est avec une joie immense que j'accueillis le jour suivant, je crois que je n'avais jamais été aussi contente de voir que le jour était levé et qu'il était l'heure de quitter mon lit !

Je suis donc allée prendre mon petit déjeuner et me suis dit qu'une petite balade au grand air ne ferait sans doute pas de mal après toute cette agitation nocturne. Je m'apprêtai à sortir et attrapai mes clés dans mon sac à main quand soudain une petite carte s'envola et atterrit juste devant mes pieds. Je la ramassai et me rendis compte que c'était celle du vieil homme rencontré la veille que j'avais complètement oublié pour le coup...

5.

« Librairie « Les portes de l'Univers » — Liang Sonntag... » lus-je sur la pancarte qui surplombait le trottoir sur la gauche de la boutique.

« Tiens ! Il porte un prénom asiatique, pensai-je. Il est vrai qu'il avait des traits légèrement bridés, mais l'absence totale d'accent lors de notre conversation m'avait fait ignorer ce détail. Il a probablement grandi en France ou y a en tout cas passé de très nombreuses années... »

La vitrine de la librairie était très sobre, sans artifices, sans même une pancarte publicitaire qui annoncerait les dernières offres promotionnelles comme le font la plupart des commerçants. L'entrée était à vrai dire très discrète, la vitrine ne devait faire qu'un mètre cinquante ou deux de large tout au plus, et la porte elle aussi était d'une couleur neutre, qui se fondait dans le décor environnant et ne se démarquait en rien de ses voisines.

Le bâtiment avait l'air assez ancien, comme tous ceux de la rue d'ailleurs. Il n'y avait là que des immeubles mitoyens qui formaient une sorte d'immense mur gris dont seuls les volets changeaient quelque peu leurs parures d'un bâtiment à l'autre.

Pas étonnant que je n'aie jamais remarqué la librairie alors que je passais tout de même régulièrement dans cette rue. Je me demandais d'ailleurs comment il faisait pour attirer la clientèle, car sa boutique n'avait rien de vraiment attractif... Enfin, ce n'était pas mon affaire après tout, cet homme n'avait rien d'un mendiant, il devait sans doute avoir une clientèle d'habitués ou peut être une boutique en ligne qui lui permettait de subvenir à ses besoins.

Une dizaine de jours s'étaient écoulés depuis notre rencontre. J'avais longuement hésité avant de me lancer, passant du « oui » au « non » et du « non » au « oui » en un rien de temps, et une fois arrivée sous cette pancarte, j'étais à vrai dire toujours dans le même balancement, en me disant cependant que si déjà j'étais venue jusque-là, autant aller faire un tour dans cette librairie. Je pourrais toujours chercher une excuse et faire demi-tour si je changeais d'avis une fois à l'intérieur.

Après être restée plantée là quelques minutes, je me décidai enfin à me diriger vers la porte, pensant que tant d'hésitation devenait vraiment ridicule et qu'il fallait maintenant bouger.

Je poussai donc la porte un instant plus tard, accueillie par le son d'une petite clochette tintant avec légèreté à mes oreilles.

Je fis quelques pas à l'intérieur en observant le décor autour de moi et me rendis compte que la boutique qui paraissait si petite vue de l'extérieur était en fait extrêmement grande et s'étalait sur une bonne douzaine de mètres vers le fond, peut être même plus encore.

Je ne vis personne. Le comptoir qui se trouvait à ma droite était désert, il n'y avait pas âme qui vive ici. On pouvait cependant entendre une douce musique venant des haut-parleurs accrochés çà et là sur toute la longueur de la salle. C'était la seule chose qui donnait un peu de vie à cet endroit qui paraissait totalement inhabité.

Les étagères étaient disposées de telle sorte qu'on pouvait voir aisément entre les rayons, surtout que, sur deux mètres à partir de l'entrée, était installée une sorte d'estrade qui donnait l'impression d'être sur une marche d'escalier et permettait d'avoir une meilleure vision sur le reste de la boutique. Il devait y avoir là des milliers de livres et je me demandai alors si le propriétaire des lieux les avait tous lus.

Je me dis que j'allais patienter quelque peu et que je repartirais comme j'étais venue si le vieux bonhomme n'arrivait pas dans les deux minutes suivantes. Après tout, il était peut-être sorti faire une course et avait oublié de fermer la porte à clé ?!

En fait, je me cherchais surtout des excuses pour faire demi-tour, car j'avais un peu la trouille de ce qu'il pourrait me dire d'autre après que ses propos m'aient tant secouée le jour de notre rencontre.

Je m'avançai alors vers l'étagère qui se trouvait en face du comptoir, sur la gauche, histoire de voir un peu ce qu'il proposait dans sa boutique.

C'est alors que je me rendis compte qu'il ne s'agissait pas d'une librairie tout à fait ordinaire, car après avoir examiné les petites pancartes installées au dessus de chacune des étagères de la boutique, je constatai avec étonnement que tout était lié à l'ésotérisme. Il y avait une étagère sur l'astrologie, une autre sur la divination, une autre encore sur l'au-delà, une quatrième sur la guérison, la suivante indiquait « voyage astral » et ces titres là ne concernaient que les rayons les plus proches de moi.

« Pas étonnant qu'il se soit trouvé là l'autre jour, il était finalement en terrain connu. » pensai-je.

J'allais commencer à explorer la zone suivante de la boutique lorsque j'entendis un grincement de porte vers le fond, porte qui n'était d'ailleurs pas visible de l'entrée, parce que masquée par une des étagères qui formaient une sorte de mur s'étendant sur la moitié de la pièce et divisant celle-ci en deux parties distinctes.

C'est alors que j'aperçus le vieillard, visiblement toujours d'aussi bonne humeur, qui me dit comme s'il avait su que je devais venir ce jour-là : « Tu arrives juste au bon moment, je viens de te faire une liste de tâches à accomplir aujourd'hui. Quand tu auras fini, nous irons bavarder au café qui se trouve au coin de la rue. »

Je décidai de ne rien répliquer et me contentai d'un : « C'est parti ! » en guise de réponse.
Je me dis que de toute façon je n'avais rien de mieux à faire ce jour là — comme la plupart du temps d'ailleurs

— alors autant donner un coup de main à ce vieil homme et voir ce qu'il avait à me dire.

Je vins à sa rencontre voulant lui éviter de faire un trajet inutile s'il avait encore à faire à l'arrière de la boutique et il me tendit la liste qu'il avait préparée en me précisant que tout ce dont j'avais besoin se trouvait dans le fond de la librairie, sur la droite.

Je jetai un coup d'oeil à cette liste alors que le vieil homme se dirigeait vers le comptoir et ressentis un mélange d'étonnement et de légère colère en voyant le nombre d'éléments qu'il y avait inscrit.

Non seulement il me demandait de ranger des livres un peu partout sur les étagères, livres qu'il fallait classer par ordre alphabétique bien sûr, mais en plus il voulait que je joue les fées du logis en faisant la poussière sur le dessus de toutes les étagères, que je passe l'aspirateur et que je m'occupe de nettoyer la vitrine pour qu'elle soit à nouveau transparente... Ah ! Et ça continuait aussi de l'autre côté de sa note — ben voyons — avec une dernière consigne sur le dépoussiérage qu'il fallait effectuer pour l'ensemble des bibelots qui étaient posés sur un grand présentoir dans l'arrière-salle, en précisant que la plupart étaient fragiles et qu'il fallait faire attention de ne pas les briser.

En somme, il ne devait pas s'être promené au salon de l'occulte pour discuter avec des gens de son milieu ou faire le curieux, il devait tout simplement chercher une bonne à tout faire suffisamment naïve pour accepter en retour quelques bons conseils sur la vie, croyant qu'elle recevrait un trésor essentiel à sa compréhension du monde. Et comme toujours, Lucie-la-bonne-poire était tombée à pic !

Je décidai malgré tout de mettre ma frustration de côté et que cette après-midi représenterait ma bonne action du mois. J'accomplirais toutes les tâches de cette liste, nous irions discuter autour d'un café et je lui laisserais ensuite le soin de trouver une autre servante pour retourner à ma petite vie paisible et à mes occupations habituelles !

Je me dirigeai vers l'endroit indiqué et découvris alors la cerise sur le gâteau... Là où je m'attendais à trouver quelques dizaines de livres à ranger tout au plus, ce sont des centaines de livres qui attendaient d'être triés et installés sur les différentes étagères. À ce moment-là, la frustration revint avec beaucoup plus de force encore et finit par céder la place à de la colère, que je tentai de ravaler de mon mieux.

Une fois la chose digérée, je me dis qu'il était inutile de perdre mon temps à ruminer, plus vite je commencerais, plus vite je terminerais.

Je pris quelques livres pour commencer le rangement et m'aperçus qu'ils étaient en plus tous mélangés et que les différents cartons ne regroupaient même pas les livres d'une même catégorie. C'était décidé, je ne remettrais plus les pieds dans cette boutique, il ne fallait pas exagérer !

Je choisis alors de faire plusieurs tas pour effectuer un

premier classement avant d'aller entreposer les livres sur les étagères afin d'éviter de faire un nombre incroyable de trajets, ce qui m'obligerait en plus à passer un temps considérable pour m'occuper de cette première tâche alors qu'il y avait encore plein d'autres choses à faire sur cette liste.

Était-il conscient de l'énormité de ce qu'il me demandait là ? Ou avait-il simplement oublié que la jeunesse ne nous donne pas pour autant de super pouvoirs ? Je n'en savais rien, quoi qu'il en soit, j'étais vraiment très contrariée et je commençais à ressentir de la colère envers moi même d'avoir accepté cette proposition. J'aurais mieux fait de renoncer avant d'entrer et j'aurais pu occuper mon après-midi de libre plus agréablement ... «Oui, mais en faisant quoi au juste ?» pensai-je.

Je décidai d'arrêter de me torturer les méninges avec des questionnements qui n'avaient plus lieu d'être puisque j'étais là et je ne pouvais plus faire marche arrière à présent, et je continuai d'empiler les livres sur les différents tas en espérant en finir au plus vite.

Plus de deux heures se sont écoulées ainsi, jusqu'à ce qu'enfin je pose le dernier livre du dernier carton. Une bonne chose de faite, la première tâche et probablement la plus pénible était derrière moi.

J'étais plutôt satisfaite de mon travail parce que malgré l'ampleur de la chose je m'étais bien débrouillée. Je m'équipai à présent de la panoplie de Cendrillon pour attaquer le reste de ce que j'avais à faire. Je me dis à ce moment-là qu'une fois de retour dans mon tout petit appartement, je ne me plaindrais plus jamais des corvées ménagères après ce que j'allais vivre là !

J'ai dû passer deux bonnes heures supplémentaires pour arriver au bout des différentes étapes de ma liste parce que le ménage n'avait sans doute pas été fait depuis plusieurs siècles étant donné la couche, ne me restait plus alors que le nettoyage des bibelots à accomplir.

Voilà encore une tâche qui allait être assez longue et difficile, parce qu'il y avait toute sorte de petits objets, de statuettes, médaillons, pendules, etc. sur lesquels la poussière venait toujours s'agglutiner dans des recoins inaccessibles.

Je poursuivis donc mes activités en grinçant des dents silencieusement, d'autant plus que pendant que je me tuais à la tâche, le vieux bonhomme était tranquillement installé à son comptoir en train de feuilleter je ne sais quel ouvrage, s'arrêtant régulièrement lorsqu'un des clients qui arrivaient au compte-gouttes venait lui demander un conseil ou souhaitait régler ses achats.

Je l'entendais discuter et parfois rire aux éclats avec certains, ou alors il me parlait brièvement de sa vie et de son passé, toujours pour évoquer de petites banalités de la vie courante, pendant que moi j'étais là à frotter et frotter encore, nettoyer et faire briller SES babioles et tout ça pour quoi ? Pour qu'il finisse sans doute par me remettre une nouvelle gifle verbale et que je rentre chez moi encore plus mal en point et frustrée que la dernière fois ?

Il fallait que je garde mon sang-froid, après tout c'était un vieil homme et même s'il exagérait sacrément dans ce qu'il me demandait, je devais tout de même lui témoigner un minimum de respect. Ça me servirait de leçon pour d'éventuelles prochaines fois et je saurais ainsi qu'il ne fallait jamais accepter une proposition dont on ne connaît pas l'exactitude des termes avant de s'engager.

Il devait être près de 20h30 quand enfin je vins à bout de l'ensemble des tâches que le vieil homme — ou plutôt le vieux bourreau — m'avait demandé d'accomplir.

J'étais complètement épuisée, j'avais mal aux bras à force de soulever des piles de livres et de frotter pour enlever aux étagères leurs costumes d'Halloween, mais assez fière à vrai dire d'être allée au bout sans me plaindre. Le propriétaire des lieux ne pourrait être que très satisfait du service que je lui avais rendu.

Je me dirigeai donc vers lui pour lui signaler que j'avais terminé.

Il me sourit et me dit : « Tu en as mis du temps ! Bien... Il est déjà tard, tu dois être fatiguée. Je te propose donc de remettre notre petite conversation à demain, je serai là toute la journée. Va te reposer et viens me voir à l'heure que tu voudras. »

J'allais répliquer et lui répondre qu'il était inutile de remettre la conversation à demain et que je pouvais bien rester un peu plus longtemps encore vu le temps déjà passé sur les lieux, mais il ne me laissa même pas ouvrir la bouche et conclut la discussion avec un : « Bonne nuit !» sur un ton toujours aussi aimable et prévenant.

Il était visiblement inutile de protester, aussi, je franchis la porte en sentant la colère revenir et grandir un peu plus encore qu'auparavant parce que non seulement il m'avait utilisée comme une véritable esclave, ne s'était pas tenu à ce qu'il m'avait dit en remettant la seconde partie de notre accord au lendemain et en plus il n'avait même pas été fichu d'avoir un minimum de reconnaissance et de dire un simple : « Merci ! »

C'était un comble ! Plus je marchais pour rentrer chez moi plus je me sentais bouillir intérieurement et je me dis que ce qu'il souhaitait m'apprendre avait intérêt à être à la hauteur de tous les efforts que j'avais fournis dans l'après-midi ! J'étais d'accord pour lui donner
UN PEU de mon temps et l'aider, mais il ne fallait tout de même pas pousser le bouchon trop loin! Je n'étais pas à son service et ne lui devais rien !

Je tentai de retrouver mon calme et me dit que je n'avais qu'à attendre de voir ce qu'il me réserverait le lendemain.

Si j'avais su...

6.

Le lendemain, je décidai de me rendre à la boutique directement après avoir terminé mon service au restaurant. La journée avait été plutôt calme, j'avais donc fini tôt et disposait d'assez de temps pour que je puisse enfin entendre ce que le vieux tortionnaire avait à me dire. C'était une belle après-midi ensoleillée où la chaleur restait supportable malgré tout grâce à une légère brise qui soufflait continuellement.

J'arrivai à la boutique un peu avant 15h. J'entrai, souriante et de bonne humeur, et cherchai du regard le vieil homme qui ne devait pas être loin.

« Hohé, je suis là ! » lançai-je.

Silence...

Comme la veille, on pouvait entendre une musique relaxante qui sortait des haut-parleurs, il y avait même un bâton d'encens qui brûlait sur le comptoir et avait visiblement été allumé il y a peu de temps étant donné sa taille.

C'est à ce moment-là que je vis une enveloppe posée sur

le comptoir, enveloppe qui m'était visiblement adressée puisque mon prénom était inscrit dessus.

Après une brève hésitation, je me décidai donc à la saisir, je l'ouvris et découvris avec stupeur un petit mot accompagné d'une nouvelle liste de tâches !

« C'est une plaisanterie ?! » m'entendis-je dire en criant presque, saisie tout à coup par une nouvelle vague de colère.

Je pris le temps malgré tout de lire. Il m'indiquait qu'il avait dû partir faire une course urgente et qu'en l'attendant, je pourrais lui rendre service et faire les quelques petites choses qu'il m'indiquait sur la liste jointe.

Il avait ajouté qu'une nouvelle livraison d'ouvrages à classer était arrivée le matin même, et qu'un petit accident avec des encens en poudre avait propagé un nuage de poussière, aussi, je serais bien aimable de remettre un coup de chiffon sur l'ensemble des bibelots ainsi que sur toutes les étagères du fond, y compris sur les livres qui s'y trouvaient parce que l'encens s'était étalé un peu partout.

« Quel culot ! Comme si l'épisode d'hier n'avait pas suffi, il revient à la charge avec sa nouvelle liste et m'en demande encore plus ! » dis-je à voix haute.

J'étais folle de rage, mais nous avions fait un marché et je ne voulais pas repartir bredouille sans avoir entendu ce qu'il avait à me dire. Je pris donc sur moi, fis en sorte de me calmer en respirant profondément et une fois la sérénité retrouvée — ou presque — je me décidai à me mettre à la tâche, ce qui ferait de toute façon passer le temps plus vite en attendant son retour.

Je décidai de démarrer avec la tâche qui me semblait être la plus pénible et pris un chiffon pour dépoussiérer les étagères. Je devins presque hystérique en voyant la couche de poussière qu'il y avait non seulement sur les étagères elles-mêmes, mais aussi sur les livres... Ce n'était pas possible ! Un « petit accident » avait-il dit ?! Il avait dû prendre des sacs pleins de poudre d'encens et les verser directement sur ces maudites étagères oui !

Je sentais mon coeur battre à tout rompre, je devais être rouge écarlate tellement j'étais furieuse, mais je ravalai encore une fois ma colère et ma fierté et me mis au travail.

Ce coup-ci c'était clair et net, j'allais écouter ce qu'il avait de si important à me dire, je lui dirais ensuite ses quatre vérités et il ne me reverrait plus jamais ! Il ne fallait pas me prendre pour une idiote, c'en était trop !

Concentrée sur ce que je faisais, je n'avais pas vu le temps passer et quand enfin j'entendis la clochette de la porte sonner pour m'annoncer son arrivée, je me rendis compte qu'il était déjà plus de 18h.

J'avais eu le temps de retrouver mon calme, et en le voyant arriver si souriant et paisible, il m'était difficile alors de lui bondir dessus pour lui hurler toutes ces choses qui m'étaient passées par la tête quelques heures plus tôt.

Il vint vers moi, sembla faire une sorte d'inventaire des tâches que j'avais déjà accomplies et me dit : « Bien ! Termine donc ce que je t'ai demandé de faire et nous irons ensuite manger un morceau quelques rues plus loin. Tu seras mon invitée.»

J'aurai pu céder à un nouvel accès de colère, mais je me dis qu'il ne me restait plus grand-chose à faire à présent et la perspective d'un bon repas était plutôt plaisante. Et surtout, j'avais hâte de savoir ce qu'il voulait m'apprendre, il avait bien dit qu'il savait comment je pourrais transformer ma vie, non ? Un peu de patience encore et je saurais enfin si tout cela n'avait été que du vent ou s'il possédait réellement les connaissances qu'il prétendait avoir.

Une heure trente s'écoula encore avant que je ne termine enfin le travail qui m'avait été imposé. J'attendis que le vieil homme ait fini de discuter avec un client arrivé là quelques minutes plus tôt et me rendis compte qu'étrangement, personne n'était entré pendant son absence, comme si les gens avaient su que le maître des lieux n'était pas là... Qu'importait, le calvaire était à présent presque derrière moi.

Il tourna la tête vers moi me demandant si j'avais terminé et comme je lui répondis par l'affirmative, il me fit signe de m'approcher, prit sa veste et me proposa de nous mettre en route.

Nous marchâmes pendant une vingtaine de minutes. Le

restaurant dont il avait parlé n'était pas très loin, mais son handicap lui donnait une allure assez lente. N'étant pas du genre très bavarde, j'attendis qu'il prenne la parole, mais rien ne vint.

Il se contentait de marcher en souriant, saluant les gens que nous croisions en chemin et jetant un coup d'oeil aux boutiques devant lesquelles nous passions ainsi que sur toute sorte de choses, arbres, fleurs, chiens, papillons, etc. Il observait tout avec une attitude qui ressemblait plus à de la fascination qu'à de la curiosité, comme s'il avait vu tous ces éléments pour la première fois.

Je me dis alors qu'il était vraiment étrange, mais après tout, son attitude était sans doute plus positive que celle de beaucoup d'autres gens qui ignoraient complètement et délibérément tout et tout le monde.

Ce vieil homme était pleinement conscient de l'univers qui l'entourait alors que la plupart des gens semblaient avoir perdu totalement la vue et marcher sur leurs chemins tels des robots qui se contenteraient de suivre un programme qu'on leur aurait intégré.

Arrivé à un nouveau carrefour il s'arrêta et me montra du doigt un petit bâtiment qui se trouvait juste en face en me disant avec un large sourire : « Nous y voilà ! »

J'étais soulagée, car non seulement ce silence devenait pesant, mais aussi parce que mon estomac criait famine.

Un serveur vint nous accueillir à l'entrée et nous

emmena dans le fond du restaurant où il restait plusieurs tables de libre, nous laissant le soin de choisir celle qui nous conviendrait le mieux. Le vieil homme indiqua avec sa canne celle qu'il avait choisie et me fit signe d'aller m'asseoir en me disant qu'il viendrait me rejoindre dans une minute.

Je m'exécutai et le vis se diriger vers le bar et s'adresser au serveur avec une attitude qui semblait très familière. De là où je me trouvais, je n'entendais pas ce qu'il disait, les bruits environnants et la musique couvrant les mots.

Je jetai un coup d'oeil autour de moi et me rendis compte qu'il n'y avait pas grand monde. Un vieux couple était installé pas très loin de l'entrée du restaurant et trois hommes occupaient une autre table située entre celle du couple et la nôtre et parlaient assez bruyamment dans une langue que je ne connaissais pas, faisant de grands gestes et riant suffisamment fort pour qu'on les entende de l'autre côté de la rue.

Je n'étais jamais venue dans cet endroit, nettement plus petit que le restaurant où je travaillais. L'ambiance était plutôt agréable, de la musique jazz venait bercer nos oreilles, le tout éclairé par une lumière douce, tamisée, dont la teinte bleutée provenait de néons fixés sur une corniche entre le haut du bar et le plafond.

Sans que je m'en aperçoive, le vieillard était venu s'installer à la table pendant que je regardais derrière moi les vieilles photos accrochées au mur. Des portraits d'illustres inconnus, probablement liés à l'histoire de ce restaurant.

Ma surprise de voir le vieillard juste là devant moi sans l'avoir entendu arriver me fit légèrement sursauter, mais il ne se rendit compte de rien, ou fit peut être comme si...

Un autre couple entra dans le restaurant, s'installa non loin de notre table, accompagné par le serveur qui nous avait également accueillis et comme je le vis revenir vers eux avec ce qui semblait être la carte du menu, je dis étonnée au vieil homme : « Tiens, le serveur a dû nous oublier. Je vois qu'il ramène le menu à ces gens, mais il n'en a pas apporté ici...

— Oh, c'est inutile qu'il apporte des menus, j'ai déjà commandé au bar tout à l'heure. Je viens souvent ici, fais moi confiance.

— Bien ! » lui répondis-je en espérant qu'il ait choisi quelque chose que j'apprécierais.

Le serveur vint nous apporter une carafe d'eau et une corbeille de pain ainsi qu'une petite coupelle pleine d'olives aux anchois.

Mon voisin de table me tendit la coupelle en me faisant signe de me servir, mais je déclinai poliment, j'avais une sainte horreur des anchois !

Le vieil homme entama la discussion en me parlant de la pluie et du beau temps, il me raconta également de quelle façon il avait connu cet endroit... C'était un ami d'enfance, perdu de vue depuis une vingtaine d'années à la suite d'un déménagement, et retrouvé par hasard lors d'une promenade, qui avait ouvert cet établissement. Il était aujourd'hui décédé et le restaurant était à présent géré par son fils.

Le vieil homme avait pris l'habitude de venir manger ici une fois par semaine après avoir retrouvé son ami et en avait fait un petit rituel qu'il ne voulait surtout pas manquer.

Mon estomac tiraillait de plus en plus, mais je me sentis grandement soulagée quand je vis enfin le serveur arriver vers nous avec les plats que le vieillard avait commandés... Enfin, soulagée jusqu'à ce que je vois ce qu'il y avait dans les plats...

« Cervelle de veau aux lentilles ! » nous annonça le serveur radieux alors qu'il déposait les assiettes devant nous.

Je dus prendre une profonde inspiration pour chasser la nausée que je sentais monter, car en dehors de viandes « classiques », j'étais totalement dégoûtée par tous ces éléments intérieurs à l'animal qu'on cuisinait comme les abats ou cette cervelle qui était là, gisant en plus dans une sauce qui avait des reflets rougeâtres et aurait pu passer pour du sang. Quelle horreur !

Je fis mon maximum pour penser à autre chose et ne surtout pas porter les yeux sur les assiettes de peur de devoir courir aux toilettes pour vomir un plat que je n'avais même pas encore mangé. Moi qui me réjouissais de cette sortie, après avoir fait tant d'efforts, j'en venais à regretter encore plus de ne pas avoir détalé comme un lapin la veille au soir quand le vieux m'avait proposé de revenir.

Comment faire ? Je ne voulais pas le vexer et choisis de me taire et d'improviser. Je ne savais pas comment j'allais m'en sortir sur ce coup-là, mais ce qui était clair, c'est que je n'allais pas manger cette chose ! Sans parler des lentilles dont la seule vue me donnait déjà mal au ventre.
« Bon, faisons un effort pour les lentilles, pensai-je, et on avisera pour l'autre machin.»

Mon hôte avait l'air ravi de son repas, ce qui paraissait plutôt logique puisque c'est lui qui avait choisi sans même prendre la peine de me demander ce que j'aimais ou ce à quoi je pourrais éventuellement être allergique.

En matière de journée catastrophe, je me dis que celle-ci allait rester gravée dans ma mémoire pour longtemps.

Le vieil homme commença à manger avec appétit et de mon côté je fis mon possible pour ne pas le regarder engloutir la cervelle, ce qui aurait été le comble de l'horreur pour moi.
Comme si ça ne suffisait pas, il me dit toujours souriant : « Mange donc avant que ça ne refroidisse ! Tu ne voudrais pas froisser le cuisinier tout de même... C'est un homme charmant la plupart du temps, sauf lorsqu'il s'agit de sa cuisine. Il devient intraitable et extrêmement susceptible alors mieux vaut ne pas laisser une seule miette sur son assiette. »

« Il est sérieux là ?! » pensai-je pour moi, me sentant de

plus en plus mal et au pied du mur.

Prenant sur moi, je me dis que je pouvais au moins avaler les lentilles, celles qui ne baignaient pas dans la sauce du moins, car même si je n'aimais pas ça du tout, ça restait mangeable, tant pis pour les aigreurs d'estomac qui allaient suivre. Pour le reste, je pouvais soit laisser la chose dans mon assiette et risquer de subir le courroux du cuisinier si vraiment il était tel que le décrivait le vieil homme, soit trouver une autre échappatoire, mais laquelle ?

Soudain, j'entendis une voix m'annoncer que ma délivrance était proche. Non, ce n'était pas une voix venue de l'au-delà ou entendue dans ma tête, mais celle du petit chien qui était paisiblement installé derrière l'un des trois hommes attablés un peu plus loin, et que je n'avais pas vu avant. Il venait de pousser un léger aboiement, espérant sans doute qu'on pense à lui qui devait avoir faim aussi à sentir toutes ces odeurs de nourriture. L'ampoule s'alluma alors au dessus de ma tête en voyant devant moi celui qui allait être mon sauveur.

Habituellement, je me serais dit que la présence d'animaux dans un restaurant n'était pas le mieux de ce qui puisse être côté hygiène, mais pour le coup, j'étais plus que ravie que le propriétaire des lieux pense autrement !

Le plus compliqué maintenant allait être de faire passer la cervelle de mon assiette jusqu'au chien, sans me faire remarquer ni par le vieillard, ni par le serveur qui était derrière le bar et risquait donc de voir toute la scène face à lui.

C'était le moment de réfléchir et il fallait faire vite !

Par chance, la carafe d'eau était faite de verre teinté et je pourrais l'utiliser pour camoufler la manoeuvre. Je pris mon air le plus innocent pour saisir la carafe et remplir mon verre d'eau, et je reposai celle-ci au milieu de la table, juste devant mon assiette de sorte que mon interlocuteur ne pourrait pas voir ce que j'y ferais.

Celui-ci continuait d'ailleurs de me raconter toute sorte de banalités, laissant sans doute les discussions plus sérieuses et importantes pour plus tard. Quoi qu'il en soit, ce n'était pas ma préoccupation majeure à ce moment-là, il fallait que je me débarrasse de cette nourriture immonde en faisant en sorte de ne pas blesser le vieillard qui semblait tant se réjouir pour ce repas.

En respirant un grand coup, j'engloutis une première fourchetée de lentilles, faisant mon maximum pour ne pas faire la grimace, et alors que je fixai le vieil homme droit dans les yeux pendant qu'il continuait à me parler de futilités, je me décidai à découper à l'aveuglette un morceau de la cervelle pour ensuite planter ma fourchette dedans et me préparer à la première partie du bombardement. J'espérais vivement que le chien allait manger ce que j'allais lui envoyer parce que si en plus il laissait la cervelle par terre, quelqu'un allait forcément finir par le remarquer et saurait inévitablement d'où ça venait puisque l'autre table était déjà arrivée au dessert.

« Allez... »

Fourchette armée et prête sous la table. Le serveur rangeait des verres, de dos, le vieil homme était concentré sur son assiette, c'était le moment où jamais...

« Un... Deux... Trois...»

Une vieille dame entra alors dans le restaurant et le grand « Bonsoir ! » lancé par le serveur poussa mon voisin de table à se retourner. Je ne pouvais pas lancer mon projectile à ce moment-là, il le verrait inévitablement... Encore raté !

Il fallait que je me décide et que je ne perde plus de temps à réfléchir.

La dernière arrivée nous tournait fort heureusement le dos, je profitai alors d'un moment d'inattention du vieillard qui tournait la tête de l'autre côté alors que le serveur revenait vers le bar pour lancer le premier morceau... Mission accomplie !

Par chance, le petit chien se jeta littéralement sur le morceau et se dépêcha de l'engloutir, jetant des coups d'oeil furtifs à droite et à gauche comme s'il craignait qu'on ne vienne lui reprendre sa nourriture.

Le premier pas était fait, il ne me restait plus qu'à poursuivre de la même façon.

Nouvelle fourchetée de lentilles, et nouvel envoi de cervelle lorsque le champ fut libre.

« Allez, encore un petit effort et je serai délivrée ! »

Troisième lancé réussi, quatrième et... Je vis le serveur lever brusquement la tête au moment où la cervelle atterrit par terre, se penchant sur la droite pour voir ce qui se passait, mais heureusement ce cher petit ami à quatre pattes avait dévoré son repas avant qu'il n'ait pu remarquer quoi que ce soit. Je ne pouvais cependant plus prendre le risque de poursuivre ce manège sans quoi je risquais de me faire attraper et de vivre le moment le plus honteux de toute mon existence.

Il me fallait désormais trouver autre chose, mais quoi ? Je n'allais pas camoufler la chose dans ma serviette, car même si elle était en papier et irait dans la poubelle, il restait un morceau trop grand pour que ça puisse passer inaperçu.

Je décidai donc en dernier recours d'écraser le reste de la cervelle et de le mélanger à la sauce dans laquelle elle baignait, ainsi, on ne remarquerait sans doute rien ou presque, et personne ne me ferait de réflexion parce que je n'avais pas léché l'assiette.

L'affaire était faite, j'étais sauvée ! Cette cervelle dans mon assiette ne représentait certes pas un repas aussi ignoble que ceux qu'on présente aux candidats de certaines émissions de télé-réalité, mais c'en était déjà bien trop pour moi, car l'idée de manger le cerveau d'un animal était vraiment quelque chose qui me répugnait au plus haut point. Ça me rappelait en plus cette fameuse scène dans « Indiana Jones et le temple maudit » où on servait aux invités toute sorte de choses horribles et de la cervelle de singe servie directement dans la tête du singe lui-même... Écoeurant !

Dans mon immense soulagement, je n'eus pas grande difficulté à finir les lentilles qui ne nageaient pas dans la sauce et je pus me détendre un peu et afficher un sourire qui n'avait plus rien de crispé. Le plus dur était passé.

La fin du repas se déroula tranquillement et — ô miracle — le serveur nous amena même un délicieux moelleux au chocolat posé sur un lit de crème anglaise que je savourai comme jamais je crois, je n'avais savouré un plat, quel qu'il soit !

Au moins cette soirée se terminerait mieux qu'elle n'avait commencé.

Il y avait cependant une chose qui m'agaçait malgré tout, car même après avoir terminé nos desserts, le vieil homme continuait encore et toujours à parler d'absurdités qui n'avaient absolument rien à voir avec la conversation que nous avions entamée lors de notre première rencontre. Rien que des futilités sur tout et n'importe quoi, et vraiment rien qui aurait pu m'aider à avancer dans ma vie ou à trouver un épanouissement plus grand...

Après avoir longuement hésité, j'osai donc enfin aborder le sujet sans attendre qu'il y arrive par lui même.

« Monsieur Sonntag ...

— Tu peux m'appeler Li ! m'interrompit-il. La plupart

des gens que je connais m'appellent ainsi. Par ailleurs, en chinois ça veut dire puissant, ou fort, et je dois dire que j'aime assez ! » dit-il en riant.

« Très bien, Li, dis-je un peu gênée de cette familiarité qu'il m'autorisait, vous m'avez dit que vous alliez m'apprendre tout ce que vous saviez et que vous alliez me montrer la voie pour que ma vie change...

— Et je le ferai mon enfant, mais l'heure n'est plus au bavardage ! Après un tel repas il faut prendre le temps de digérer, aussi, repasse me voir demain et je te promets que nous aurons cette conversation. Sois là à 14h30 précises. »

Et voilà la frustration qui revenait au galop ! Se moquait-il de moi ? Voilà qu'il reportait à nouveau la discussion que nous étions censés avoir la veille, après m'avoir poussé à jouer les bonnes à tout faire et m'avoir forcé à mobiliser toute mon imagination et toute la ruse dont je pouvais disposer pour tenter de me débarrasser d'une nourriture immonde tout en avalant à contrecoeur ce qui était acceptable de cette assiette, en l'écoutant en plus me remplir la tête de vieilles histoires à dormir debout qui n'intéressaient sans doute personne d'autre que lui...

Très bien ! J'allais venir le lendemain, mais il était hors de question que je lui donne le moindre coup de main, hors de question que j'avale quoi que ce soit que je n'aurais pas choisi moi même et hors de question qu'il reporte la conversation une fois de plus !

S'il ne tenait pas son engagement une bonne fois pour toutes le jour suivant, tant pis, je me débrouillerais toute seule et je le laisserais ce vieux dément trouver une autre domestique !

Je fis le maximum pour rester calme malgré le feu qui brûlait en moi et qui s'apprêtait à tout faire exploser, car on m'avait toujours enseigné la patience et la tolérance et je n'allais pas me mettre à incendier un pauvre vieillard qui n'avait sans doute plus toute sa tête et qui finalement ne cherchait peut-être qu'à combler sa solitude et le profond ennui de son existence.

Nous convînmes donc que je le rejoigne à la boutique le lendemain comme les fois précédentes et j'étais fermement décidée cette fois à mettre fin à cette plaisanterie s'il cherchait encore une fois à se servir de moi...

7.

14h30 !

J'arrivai à la boutique en catastrophe, car le service avait été plus long que la veille et je ne voulais pas être en retard au rendez-vous, espérant que cette fois le vieillard tiendrait parole.

Je m'apprêtai à pousser la porte de la librairie quand je vis la pancarte « fermé » juste devant mes yeux.

Je me dis que le maître des lieux avait peut-être choisi de fermer boutique ce jour là pour que nous puissions discuter tranquillement et que nous ne soyons pas interrompus...

Je décidai donc d'entrer et de signaler ma présence, mais lorsque je poussai la porte, je me rendis compte qu'elle était bel et bien fermée à clé. Étrange...

Je toquai une première fois, puis une deuxième une minute plus tard, une troisième fois enfin, plus fort, mais toujours pas de réponse.

J'approchai mon visage de la vitrine pour voir s'il y avait du mouvement à l'intérieur, mais rien, il n'y avait aucun signe de vie dans la librairie.

Comme j'avais gardé sa carte de visite dans mon portefeuille, je l'en sortis et composai le numéro de téléphone qui y était indiqué avec mon portable — quelle merveille que la technologie moderne!

Je laissai sonner un long moment, mais aucune réaction là non plus. J'entendais la sonnerie à l'intérieur, mais ça ne provoquait pas plus de mouvement que les coups frappés précédemment.

D'après ce que le vieillard m'avait dit, il occupait un petit appartement juste au dessus de la boutique, alors soit il s'était laissé tenter par une petite sieste et n'avait rien entendu de tout le vacarme que j'avais fait depuis mon arrivée, soit il était sorti et m'avait posé un lapin !

Étant donné les événements des deux derniers jours, je me dis que la deuxième solution devait sans doute être la bonne — tant qu'à faire, autant écorcher mes nerfs jusqu'au bout — ce qui ne tarda pas à m'être confirmé par une petite enveloppe qui dépassait à peine de sous la pancarte qui indiquait que la librairie était fermée.

Mon prénom était à nouveau inscrit sur l'enveloppe, et, la colère faisant petit à petit place à une lassitude vraiment pesante, je me décidai à regarder ce que contenait ma trouvaille. De toute façon, ça ne pourrait pas être pire que les fois précédentes, et s'il me demandait à nouveau je ne sais quel service, je me contenterais de partir et de le laisser dans son monde d'esclavagiste !

La lassitude s'envola d'un coup en me rendant compte qu'il ne demandait rien cette fois, ou plutôt rien qui ne soit pénible ou fatiguant. Il me proposait simplement de l'attendre là, indiquant qu'il n'en aurait pas pour plus de trois quarts d'heure et qu'ensuite nous allions discuter, car il avait vraiment des choses très importantes à me dire.

Il n'était certes pas à l'heure au rendez-vous, mais il suffirait d'un peu de patience et nous pourrions enfin avoir la conversation tant attendue.

En tenant compte du fait qu'il n'était certainement pas parti juste avant mon arrivée, j'imaginais qu'une bonne partie de cette période de temps s'était déjà écoulée. De toute façon, étant donné sa lenteur lorsqu'il marchait, il ne devait pas être très loin, ce défi là serait donc facile à relever.

Rentrer chez moi en attendant m’aurait poussé à faire tout juste l’aller-retour sans avoir le temps de me poser, et je ne voulais pas manquer le vieil homme en allant faire les boutiques dans des rues plus lointaines, aussi, j'attendis devant la vitrine, lisant les couvertures des livres qui y étaient exposés pour faire passer le temps en espérant voir bientôt arriver le vieil homme devant moi.

Une fois l'opération « lèche-vitrine » terminée, je décidai de faire quelques pas sur le large trottoir histoire de me dégourdir un peu les jambes. Il y avait un soleil de plomb ce jour-là, la rue était quasi déserte, le ciel ne portait pas un seul nuage et pas le moindre souffle de vent dans l'atmosphère pour apaiser un tant soit peu cette chaleur infernale.

Par ailleurs, à cette heure-ci le soleil irradiait toute la rue, il ne fallait pas espérer trouver le moindre coin d'ombre sans faire plusieurs centaines de mètres.

Des pommiers japonais étaient plantés à intervalles réguliers tout au long de la rue, mais leurs troncs étaient si fins encore et leurs feuillages si épars qu'ils n'allaient pas m'être d'un grand secours non plus.

Moi qui n'avais guère l'habitude de passer des heures couchée au soleil, j'allais finir rouge comme une écrevisse si le vieillard n'arrivait pas rapidement.

Un premier quart d'heure passa, puis un autre et toujours personne... Je me dis qu'il n'allait pas tarder à arriver pour me donner du courage, essuyant les grosses gouttes de sueur qui perlaient sur mon front depuis un moment déjà. J'avais l'impression d'étouffer tellement l'air été sec.

Un troisième quart d'heure s'était encore écoulé et toujours pas la moindre trace du vieux bonhomme !

« Je lui laisse encore dix minutes et ensuite je m'en vais avant d'avoir droit à une insolation en prime ! » pensai-je.

Quelques minutes plus tard, j'entendis des pas derrière

moi, mais ceux-ci étaient bien trop rapides pour qu'ils puissent appartenir à celui que j'attendais.

En me retournant, je vis un jeune garçon arriver vers moi, affichant un grand sourire.
« Vous êtes madame Lucie ?

— Oui, c'est bien moi, lui répondis-je étonnée.

— Maître Sonntag vous prie de bien vouloir l'excuser, il a été retenu plus longtemps que prévu et arrivera d'ici une vingtaine de minutes. Il vous demande de bien vouloir l'attendre ici.»

Et sans même me laisser le temps de répondre quoi que ce soit, le jeune garçon traversa la rue et s'en alla en trottinant. Je me demandai d'ailleurs où il pouvait encore trouver l'énergie pour courir par une telle fournaise.

Une vingtaine de minutes encore... L'attente avait déjà paru interminable jusqu'ici, mais puisque j'étais sur place, je n'allais pas renoncer si près du but.

Vingt-cinq minutes passèrent, toujours rien. Je décidai de lui laisser cinq dernières minutes, mais pas une seule de plus sans quoi j'allais finir par m'écrouler ou carrément brûler sur place.

Heureusement, je vis enfin le vieil homme arriver au coin de la rue. Il portait de la main gauche un sac à provisions qui avait l'air bien rempli, aussi, je le rejoignis et lui proposai mon aide qu'il accepta volontiers.

« Ça pèse une tonne ce machin ! Il est allé acheter du plomb ou quoi ?! » pensai-je en soulevant le sac des deux mains.

Nous arrivâmes à la boutique, il ouvrit la porte et me pria de le suivre jusque dans l'arrière-salle.

« Tu peux poser ça par ici. » me dit-il en m'indiquant une petite table qui se trouvait au milieu de deux fauteuils anciens.

Il me fit ensuite signe de m'asseoir, ce que j'acceptai volontiers, car je me sentais vraiment vidée après l'avoir attendu si longtemps sous cette chaleur de plomb.

« Attends moi une minute, je reviens tout de suite.» me dit-il alors qu'il se dirigeait vers la porte qui se trouvait à quelques mètres de moi.

Il revint avec deux tasses et une théière d'où s'échappaient d'épaisses volutes de fumée. Avec cette chaleur, je trouvai le choix de la boisson étrange et aurais largement préféré un verre d'eau rempli à ras bord de glaçons, mais il fallait que je boive quelque chose rapidement alors ça ferait l'affaire.

Il fit le service et vint s'asseoir sur le second fauteuil. Il avait l'air un peu fatigué, mais affichait toujours un visage souriant et détendu.

Il attendit quelques instants que je repose ma tasse de thé et me demanda d'ouvrir le sac à provisions et d'en disposer le contenu sur la table en me précisant que ce qu'il allait me montrer là était extrêmement important. Je m'exécutai.

« Mais qu'est ce que c'est que ça ? lui demandai-je assez étonnée.

— Ce sont des noix de coco et des ananas voyons, tu n'en as jamais vu ?

— Bien sûr que si, ce n'est pas ce que je voulais dire... Je ne comprends pas ce qu'il y a de si important là dedans, voilà tout.

— Tu ne peux effectivement pas comprendre, car tu es incapable de voir plus loin que le bout de ton nez. Tu t'arrêtes toujours à la surface, à ce qui est juste devant tes yeux, mais ne fais jamais l'effort de réfléchir plus loin et d'adopter une vision plus large. Tu es égocentrique et imagines que tout tourne autour de ta petite personne. Ainsi, tu ne peux que vivre dans la demi-mesure et la souffrance en te pensant victime de l'univers et des gens, comme si chaque chose n'avait d'incidence que sur toi et ta petite vie...comme si tu étais le nombril du monde.»

Comment osait-il me dire de pareilles choses ! Je ne me prenais pas pour le centre du monde! J'étais serviable et aimable, je n'étais pas du genre à me plaindre ou à constamment demander de l'aide aux autres, je faisais mon possible pour respecter les valeurs que mes parents m'avaient enseignées et ce vieux fou me disait maintenant que je ne faisais aucun effort et que je jouais les victimes ?! Mais pour qui se prenait-il ?

J'allai riposter et lui dire enfin ma façon de penser quand il me coupa l'herbe sous le pied et enfonça le clou un peu plus, comme si la tension n'était pas déjà assez forte.

« Toi, et un bon nombre de gens à notre époque, pensez que la vie est votre ennemie et qu'elle vous impose ses épreuves et ses obstacles sans que vous n'ayez le choix. Vous vous posez tous en victimes de l'univers, criez à l'injustice et levez les poings au ciel en demandant ce que vous avez fait pour mériter ça... Au lieu de chercher des solutions et de tenter de comprendre ce que les événements viennent vous enseigner, vous vous contentez de vous plaindre constamment de votre sort en espérant qu'enfin un miracle se produise et vienne vous libérer, mais jamais vous n'agissez pour avancer, vous ne faites qu'attendre en priant pour que ça vous tombe dessus tout cuit. Vous vous complaisez dans votre souffrance et comme si ça ne suffisait pas, vous faites tout pour y rester et avoir ainsi la possibilité de continuer à vous plaindre... Et vous aimez ça.»

J'étais furieuse, choquée, écoeurée par ce que je venais d'entendre. Il avait pourtant prononcé ces paroles très calmement, sans la moindre trace de reproche ou de critique. Il n'y avait aucune méchanceté dans sa voix, ni même de la pitié, mais son discours me faisait l'effet d'une bombe.

J'étais venue là en espérant qu'il puisse m'aider à sortir du brouillard dans lequel je me trouvais, mais au lieu de ça, il m'enfonçait un peu plus encore, me jugeait et semblait sous-entendre que j'étais responsable de mon malheur.

J'avais fait le maximum pour me contenir malgré tout ce qu'il m'avait fait subir jusque-là, mais cette conversation était la goutte qui allait faire déborder le vase.

« Comment pouvez-vous dire des choses pareilles ? hurlai-je, alors que vous ne savez rien de moi, de ce que j'ai vécu ou des efforts que je fais pour tenter d'améliorer ma vie ! Vous vous permettez de porter un jugement et me rendez responsable de l'état actuel des choses alors que je fais tout pour que ça change et pouvoir enfin être heureuse ! J'en ai vraiment marre de vos conneries ! Non seulement vous m'avez obligé à nettoyer votre boutique de fond en comble deux jours de suite, mais en plus vous m'imposez un repas horrible sans avoir même pris la peine de me demander si ça me convenait, vous me laissez ensuite fondre sous une chaleur infernale alors que vous m'aviez dit d'être là à 14h30 précises parce que vous êtes allé acheter ces putains de noix de coco !! Et ensuite vous me tenez un discours odieux et accusateur pour m'enfoncer un peu plus encore ! Vous vous prenez pour qui au juste ? La perfection incarnée ? Là ça suffit ! Je m'en vais, j'en ai assez entendu ! Je ne suis pas une marionnette alors allez donner vos petites leçons à qui vous voudrez et laissez moi tranquille! Je ne veux plus jamais vous revoir ! »

J'étais en larmes, les poings tellement serrés que mes mains avaient changé de couleur, tremblant de la tête aux pieds de colère et alors que je m'apprêtai à bondir hors de la boutique, fermement décidée à ne plus jamais y remettre les pieds, le vieil homme se contenta de sourire et me dit : « Et bien... Il t'en aura fallu du temps !

— Quoi ? lui répliquai-je dans l'incompréhension la plus totale.

— Voilà plusieurs jours que je fais tout pour te pousser à bout, mais je dois admettre que tu es une martyre sacrément coriace ! Beaucoup auraient craqué bien avant, mais toi, tu as tout encaissé sans broncher et es même venu en réclamer quelques couches supplémentaires au lieu de me demander de tenir mon engagement comme convenu dès la première journée... »

J'étais totalement consternée. Est-ce que c'était un jeu pour lui ? J'eus soudain l'impression d'avoir été manipulée, d'avoir été la victime d'un vieux fou qui cherchait délibérément à pousser les gens à bout, sans doute dans le but d'assouvir quelques fantasmes pervers où il pouvait abuser de la gentillesse ou de la naïveté des autres pour les utiliser tels de vulgaires objets à son service, et jubiler ensuite en voyant ses proies tomber dans le panneau.

Alors que je le fixai droit dans les yeux en essayant de comprendre ce qui lui passait par la tête, il me demanda : « Dis-moi... Que t'ai-je obligé à faire exactement ?

— Vous le savez très bien ! Vous m'avez balancé vos listes de tâches comme si j'étais votre femme de ménage sans même prendre la peine de me dire un simple merci en retour !

— Tu ne réponds pas à ma question...

— Bien sûr que si, le coupai-je.

— Eh bien non. Je t'ai demandé ce que je t'ai obligé à faire...

— Mais je viens de vous le dire ! Vous vous moquez de moi en plus ?

— Je ne me le permettrai pas, d'autant plus que tu sembles être déjà bien en colère...

— Sans blague !

— Je voudrais que tu repenses à tes visites ici et que tu me dises exactement à quel moment je t'ai obligé à quoi que ce soit... Parce qu'à aucun moment je ne t'ai mis de couteau sous la gorge, à aucun moment je ne t'ai ordonné quoi que ce soit... Je n'ai fait que te donner une liste de tâches à accomplir, que tu étais tout à fait libre de refuser... Tu n'as jamais été obligée de rien, à aucun moment, ni même de manger ce plat qui avait vraiment l'air de te rebuter — je l'ai bien remarqué — il t'aurais suffi d'ouvrir la bouche et de dire que tu voulais manger autre chose, c'était ton droit, personne n'est obligé de manger de la nourriture qu'il n'apprécierait pas ou qui provoquerait du dégoût pour lui, d'autant plus quand on se trouve dans un restaurant...

— Mais... bredouillai-je.

— Tu es la seule à t'être imposé tout ce calvaire. S'il y a un bourreau ici ça ne peut être que toi, car à chaque instant tu as eu le choix... Et cela concerne d'ailleurs toute ta vie dans son ensemble. »

J'étais clouée sur place. Toute la colère était retombée et c'était à présent un malaise très pesant qui s'était installé, parce que je venais de me rendre compte qu'il avait totalement raison. À aucun moment il ne m'avait forcée à quoi que ce soit, il s'était contenté de me donner ses listes, de commander un plat, mais au lieu de parler et de lui dire que je n'étais pas d'accord, qu'il m'en demandait trop ou que je ne pouvais vraiment pas avaler ce que j'avais dans mon assiette, j'ai choisi de me taire et de tout accepter... J'ai fait ce que je faisais toujours, j'ai dit oui sans tenir compte de ce que je désirais vraiment, et voilà le résultat...

« J'ai choisi... » dis-je à voix basse, complètement sonnée.

Le vieil homme me tira soudain de ma rêverie — qui ressemblait plutôt à un affreux cauchemar — en agitant sa main dans mon champ de vision pour que je reprenne mes esprits.

Il posa un regard affectueux sur moi et me dit : « Je voudrais à présent que tu rentres chez toi et que tu te reposes. Tu as besoin de digérer quelque peu cette conversation et quand ce sera chose faite, tu pourras revenir me voir pour que je te montre ce que je voulais te montrer aujourd'hui. Prends le temps qu'il te faudra, mais reviens me voir, c'est important. Il n'y aura plus de corvées ménagères ni de plats immangeables, c'est promis ! »

J'étais tellement abasourdie que je ne pus prononcer un seul mot. Je me contentai alors de hocher la tête en signe d'affirmation et me tournai pour me diriger complètement abattue vers la sortie et rentrer chez moi.

J'allai franchir le seuil de la porte quand il me cria du fond de la boutique : « Une dernière chose Lucie ! »

Je me tournai vers lui toujours muette.

« La prochaine fois, évite de lancer des morceaux de cervelle par-dessous la table, ce n'est pas très discret comme méthode... » ajouta-t-il en me faisant un clin d'oeil appuyé.

Je sentis le rouge me monter aux joues tellement j'avais honte et me hâtai de sortir en lui lançant un « Euh oui... » inaudible, horriblement gênée. Il avait tout remarqué ! Mon Dieu, quelle horreur ! Cette journée resterait probablement sur la première marche du podium de la honte pour un bon moment encore. Enfin, il fallait l'espérer ...

8.

Quelques jours s'étaient écoulés depuis ma dernière visite chez « Maître Sonntag » comme l'avait appelé le jeune garçon. Même si le malaise laissé par notre conversation s'était atténué au fil du temps, je conservais malgré tout un sentiment de gêne assez profond, car ses propos m'avaient poussée à remettre ma vie entière en question et tout mon mode de fonctionnement jusque-là.

C'est comme si j'avais été aveugle et plus ou moins heureuse de l'être durant ces vingt-deux dernières années, et que d'un coup on décide de me rendre la vue en braquant un immense projecteur sur mon visage. C'était aveuglant, pénible, dérangeant et pourtant sans doute nécessaire. J'avais désiré le changement après tout, mais je ne m'attendais pas à ce qu'il intervienne si brutalement.

J'avais beaucoup réfléchi aux paroles du vieil homme et je devais admettre que tout n'était que pure vérité. Même si je ne me plaignais jamais ouvertement, dans mon for intérieur, je me lamentais souvent de mon sort, me sentant triste et désarmée face à la vie alors qu'au fond, je ne faisais peut être pas tout ce qu'il fallait pour qu'elle change.

J'avais le sentiment de ne pas avoir d'autre choix que de poursuivre ma route telle qu'elle était, mais était-ce vraiment une absence de choix qui me poussait à subir tout cela ou justement la volonté de ne pas avoir à faire de choix ni à prendre de risques ?

Le vieillard venait d'ouvrir une porte et ma vie ne pourrait plus jamais être la même après ça. J'aurais pu choisir de faire l'autruche et d'avancer dans le mensonge à moi même, faisant comme si rien ne s'était passé et poursuivant mon chemin dans mes anciens schémas, mais je savais que ce n'était qu'une illusion et qu'il n'y avait aucun bonheur à trouver derrière celle-ci.

Oui je voulais que ma vie change, mais la façon dont la vérité s'était imposée à moi m'avait sacrément bouleversée. C'était une gifle en pleine figure, un électrochoc, mais peut être qu'il fallait quelque chose de radical pour qu'enfin ma vie avance...

Je me dis que j'attendrais encore quelques jours supplémentaires, afin de retrouver un peu plus d'énergie pour affronter à nouveau le vieil homme et la prochaine conversation qui pouvait elle aussi me mettre à terre... Je l'avais vu comme un personnage inoffensif, mais finalement, je m'étais lourdement trompée sur ce drôle de bonhomme que le hasard avait déposé sur ma route. Mais était-ce vraiment le hasard au fond... Je n'en savais rien.

Je n'avais encore rien dit à Sarah au sujet de cette étrange rencontre, mais pensai qu'il était temps de tout lui raconter. Un point de vue extérieur m'aiderait peut-être à y voir plus clair et au fond, je crois que j'espérais surtout qu'elle vienne me rassurer sur le fait que je n'avais pas fait fausse route durant toute mon existence.

Après tout, le vieillard ne détenait pas la vérité universelle, peut être que c'est lui qui était dans l'erreur... Mais cette pensée ressemblait elle aussi à un mensonge que je voulais entretenir pour continuer à me voiler la face. Je sentais bien que ses paroles étaient pleines de bon sens même si j'avais encore beaucoup de mal à l'accepter.

Après quelques instants d'hésitation, je me décidai à appeler mon amie en espérant vivement qu'elle soit disponible et me sentis grandement soulagée en entendant sa voix quelques secondes plus tard.

« Je commençais sérieusement à m'inquiéter Lucie ! J'ai essayé de te joindre à plusieurs reprises ces derniers jours ! Est-ce que tout va bien ?

— Oui oui, ça va, mentis-je. J'avais besoin de m'isoler un peu et de réfléchir, mais me revoilà. Tu veux aller faire une promenade au parc ?

— C'est bon pour moi ! Dans une demi-heure ?

— C'est parfait ! À tout à l'heure. »

Je pris mes affaires et me mis en route immédiatement. J’allais être en avance, mais peu importait, j'aurais un peu plus de temps pour réfléchir à la façon dont j'allais raconter mon aventure à Sarah.

J'étais installée sur un banc, à l'ombre d'un grand chêne quand j'entendis quelqu'un crier au loin : « Youhou !! Lucie ! Me voilà ! »

Comme à son habitude, Sarah ne fit pas dans la discrétion et signala sa présence aussitôt qu'elle aperçut ma silhouette. Elle avait l'air de grandement apprécier le fait que tout le monde se retourne en l'entendant crier, et l'idée de déranger les promeneurs qui lisaient à l'ombre des arbres ou profitaient simplement du silence du parc ne la perturbait pas le moins du monde.

Elle arriva en courant et se jeta sur le banc en se faisant glisser tout du long jusqu'à ce que mon corps stoppe son élan, percuté de plein fouet. Heureusement que je n'étais pas assise à l'extrémité sans quoi je me serais retrouvée par terre ! Non seulement mon amie n'était pas discrète, mais elle avait en plus la fâcheuse tendance à être « brutale » sans le vouloir, tel un bulldozer qui défoncerait tout sur son passage. Mais elle était ainsi et je l'aimais pour tout ce qu'elle était, y compris son côté tornade, ça faisait partie du personnage.

« Tu m'as manquée ! J'ai des tonnes de choses à te raconter ! » me dit-elle avec un large sourire.

Je me contentai de lui sourire en retour lui permettant ainsi de commencer son récit. Je savais que lorsqu'il se passait quelque chose dans sa vie, elle avait un besoin presque compulsif de tout déballer au plus vite comme pour se créer des preuves que tout ça existait vraiment en le partageant avec quelqu'un d'autre, et en l'occurrence avec moi, puisque j'étais sa seule véritable amie.

La réciproque était d'ailleurs valable aussi. Il y avait d'un côté mes connaissances, les copains, et de l'autre il y avait Sarah, seule personne pour qui le terme d'amitié était vraiment à sa place.

Elle commença à me raconter tout ce qui s'était passé depuis notre dernier moment passé ensemble, en débutant par sa rencontre avec le beau Joeffrey qui était visiblement l'homme parfait à l'entendre, et qui deviendrait sans doute le responsable de sa prochaine chute vertigineuse du pays de « l'amour toujours » dans lequel elle s'était déjà hissée alors qu'ils venaient juste d'échanger leurs numéros.

Je l'imaginais déjà en train de vider des boîtes entières de kleenex en m'énumérant tous les arguments qui faisaient que ça aurait dû marcher entre eux et en se lamentant encore une fois sur son triste sort, ne comprenant pas pourquoi le résultat était toujours le même après chaque nouvelle rencontre.

Bien sûr j'espérais pour elle que cette fois ça se passerait mieux, mais je l'avais vu trop souvent en pleine crise après avoir affirmé : « Ça y est, cette fois c'est le bon j'en suis sûre ! » en proie à l'euphorie la plus totale.

J'observais Sarah pendant qu'elle me racontait son histoire de façon plutôt théâtrale et me plongeai subitement dans mes pensées et réflexions, incapable d'écouter quoi que ce soit de ce qu'elle me disait. J'entendais pourtant des sons sortir de sa bouche, je la voyais clairement devant moi, mais c'est comme si j'étais rentrée à l'intérieur de moi, devenue tout à coup complètement absente de la discussion qui se déroulait juste là.

Je repensai aux paroles du vieux fou — ou peut-être vieux sage après tout — et me demandai si Sarah n'était pas elle aussi dans l'illusion, se complaisant dans le malheur qu'elle attirait finalement toute seule à elle. À chaque fois que son coeur s'emballait pour quelqu'un, il s'agissait d'un garçon rencontré en boîte de nuit, la plupart du temps totalement éméché, d'autres fois encore elle cédait aux avances d'un autre qui était déjà accompagné mais lui promettait monts et merveilles, ou alors elle jetait carrément son dévolu sur le méchant de service, celui qui avait une très mauvaise réputation et dont on savait qu'il était profondément égocentrique et faisait souffrir toutes les filles...

J'avais beau la mettre en garde, elle était totalement aveuglée par ce qu'elle pensait être de l'amour et fonçait droit dans le mur, systématiquement. L'issue de ses différentes rencontres était sans surprise, c'était toujours le même schéma qui se reproduisait, toujours.

Je me demandai alors pourquoi les choses se déroulaient ainsi... Était-elle condamnée par je ne sais quelle malédiction à revivre éternellement les mêmes souffrances amoureuses ou était-ce son attitude qui devait changer pour que sa vie elle-même se transforme selon ce que semblait prétendre le vieil homme ? Je n'en savais rien à vrai dire, mais mon esprit était en constante ébullition depuis ma dernière visite à la librairie.

Ce qui ressemblait auparavant à une existence paisible et bien tranquille — même si pas très heureuse — était désormais une sorte de questionnement permanent qui ne me laissait aucun répit. J'étais véritablement remuée intérieurement et ne savait plus quoi penser de ma vie, de la vie des autres et même de la vie tout court.

Il avait suffi d'une conversation de quelques minutes à peine pour que toute mon existence soit bouleversée. Je n'avais plus le choix à présent, ce tumulte intérieur était insupportable et je ne pouvais pas tout oublier et revenir en arrière, il fallait que j'aille au bout des choses et que je voie si le vieil homme pouvait m'aider à me sortir de ce brouillard oppressant.

C'était décidé, je retournerais à la boutique dès le lendemain. Il fallait que je sache...

Après avoir écouté Sarah pendant sans doute une bonne demi-heure, je lui coupai brusquement la parole.

« J'ai fait une étrange rencontre à cette foire de l'occulte où nous sommes allées, un vieil homme bizarre est venu me parler et... »

Sarah me regardait avec de grands yeux, visiblement très surprise que je l'interrompe de la sorte, moi qui ne faisais jamais ce genre de choses. Alors que j'hésitai à poursuivre mon récit, elle me fit un signe de tête pour m'inviter à continuer, pensant sans doute que si je n'avais pas écouté son histoire jusqu'au bout, la mienne devait être extrêmement importante.

Je lui racontai tout, dans les moindres détails du moment de la rencontre jusqu'à ma dernière entrevue avec lui. Elle avait une drôle d'expression, ne sachant visiblement pas si j'étais vraiment sérieuse ou si je lui faisais une blague, mais me connaissant, elle comprit rapidement que ça n'avait rien d'une plaisanterie.

Lorsque je lui répétai les paroles du vieil homme qui m'avaient si fortement secouée, elle se contenta d'un : « N'importe quoi ! » en secouant la tête comme si on lui avait dit la pire absurdité qu'elle n'ait jamais entendue.

Me rendant bien compte que mon amie ne me serait d'aucun secours sur ce coup-là, je finis par détourner la conversation en omettant — volontairement — de lui parler de mes états d'âme suite à ma dernière conversation avec le vieillard. Sarah n'était visiblement pas prête à entrevoir la possibilité d'une autre version de la vie que celle dont elle avait décidé, aussi, je choisis de ne pas revenir sur le sujet pour le moment.

J'éviterais de parler de mes prochaines rencontres avec cet homme à mon amie parce que je ne voulais pas la blesser comme j'avais été moi-même blessée par ses propos.

Si j'apprenais quelque chose d'utile, je pourrais toujours le lui répéter en temps et en heure...

9.

« Très bien... Graine, pelle, eau... J'ai tout ce qu'il me faut, allons-y ! » me dis-je tout bas.

Même si l'idée me paraissait totalement saugrenue, je décidai de suivre les instructions qui m'avaient été données et commençai à creuser le sol pour y planter la petite graine.

« Aux premiers rayons du soleil... » m'avait-il dit.

L'astre du jour ne se fit pas attendre bien longtemps, la sphère lumineuse commençait à apparaître à l'horizon et les premiers rayons vinrent me caresser le visage.

Je déposai alors délicatement la graine au fond du trou, la recouvris de terre et tapotai sur celle-ci avec ma pelle pour qu'il ne reste plus aucune poche d'air.

Je pris la petite bouteille d'eau que j'avais transportée dans mon sac et en vidai le contenu sur ma plantation. Ma mission était accomplie, le vieillard serait ainsi satisfait.

J'attendis quelques instants et m'assis dans l'herbe

humide. Si déjà j'étais venue jusque-là et avait écourté ma nuit pour accomplir ce rituel, je me dis qu'il serait dommage de ne pas en profiter pour contempler le lever du soleil.

C'était un spectacle magnifique auquel je n'avais jamais vraiment prêté attention à vrai dire. J'eus l'impression d'observer le phénomène pour la toute première fois de mon existence...

C'était merveilleux, cette douce lumière, cette chaleur... Mais la réalité revint très vite me rattraper et je me demandai à quoi donc pouvait bien rimer tout ça... Ça et tout le reste d'ailleurs... À quoi rimait donc cette existence ? Pourquoi étions-nous sur Terre ? Était-ce là un immense théâtre de marionnettes n'existant que pour amuser Dieu ?

Je sentais le malaise monter à nouveau en moi alors que ces questions me submergeaient, quand soudain je remarquai sur ma gauche une étrange lueur. Ça devait être le reflet d'une montre ou peut être un policier qui braquait une torche dans ma direction se demandant ce que je pouvais bien faire là à une heure aussi matinale.

Le parc était totalement désert quand j'étais arrivée et je m'étais assurée de trouver un endroit à l'écart du chemin habituellement fréquenté par les promeneurs pour ne pas être dérangée.

Je tournai la tête, plutôt agacée à l'idée qu'on puisse venir troubler ma tranquillité alors que je m'apprêtais à rentrer chez moi, mais je ne vis personne, l'endroit était désert.

Soudain, je m'aperçus que cette étrange lueur était toujours bien présente, mais elle ne provenait pas de quelqu'un ou quelque chose aux alentours, elle émanait du sol lui-même, de cet endroit où j'avais planté cette graine, juste là à côté de moi.

Plus les secondes défilaient, plus la lueur devenait intense...

Je n'avais pas vraiment peur, mais commençai à ressentir un léger trouble, levant nerveusement les yeux à l'horizon, souhaitant désormais que quelqu'un arrive et me ramène à la réalité. Tout cela ne pouvait être vrai !

Je n'arrivais presque plus à garder les yeux ouverts tant la luminosité devenait forte... Avais-je regardé trop longtemps le soleil ? Ça ne pouvait être que ça et pourtant... Quand je détournais le regard je distinguais parfaitement chaque trait du paysage et des arbres alentours, tout était on ne peut plus normal, mais cette lueur désormais lumière était bel et bien là, elle s'amplifiait de plus en plus et ne disparaissait pas.

Un grondement sourd se fit alors entendre dans le sol et je me levai brusquement, ne sachant plus quoi faire ni où aller, mais je ne pouvais fuir, ne pouvais m'en aller comme ça sans savoir ce qui allait se passer... Et si la Mort devait alors venir m'emporter, c'est que mon heure serait arrivée et je ne pourrais de toute façon rien y changer.

Je fis quelques pas en arrière, tout mon corps tremblait, je n'arrivais plus à contrôler quoi que ce soit, mais je restai debout là, à quelque mètres de l'endroit de ma plantation, m'entendant prier dans une sorte de réflexe, tant la peur me tenaillait à présent le ventre.

Tout à coup, une ombre se dessina dans la lumière, quelque chose semblait sortir de terre et prendre forme juste là, devant moi.

Je ne savais pas ce que c'était, mais ça semblait grandir, évoluer, se transformer...

La lumière commença alors à se radoucir, me permettant d'ouvrir à nouveau les yeux sans être éblouie, et je m'aperçus que cette ombre que j'avais vue et qui continuait sa progression était en fait une branche !

«Mais qu'est-ce que...» soufflai-je dans un murmure.

Cette branche cessa finalement de croître et d'autres commencèrent alors à se former sur la première.

Je n'en croyais pas mes yeux, je devais avoir une hallucination, un arbre ne pouvait pas se développer aussi vite, en l'espace de quoi ? Quelques secondes ? Quelques minutes peut-être? Ce n'était pas possible !

Mais le miracle ou l'oeuvre diabolique — parce qu'il ne pouvait s'agir que de l'un ou de l'autre — qui s'accomplissait sous mes yeux se poursuivait encore ! De nouvelles branches prirent naissance sur celles qui étaient elles-mêmes nées de la première, et ainsi de suite jusqu'à ce que l'arbre atteigne une taille adulte, il devait avoir au moins cinq mètres de haut, peut-être plus encore...

Je me dis alors que ça devait être terminé. Je regardai une nouvelle fois autour de moi en me demandant si quelqu'un d'autre arrivé entre temps avait pu être témoin de la scène et aurait ainsi été susceptible de me rassurer sur le fait que je n'étais pas folle, car je me posais sérieusement la question.

Alors que je commençais tout juste à me détendre un peu, c'est l'arbre tout entier qui se mit à scintiller étrangement, comme si une main invisible était venue semer sur lui une poussière d'or.

J'avais beau cligner des yeux, rien n'y faisait, ce n'était pas une illusion d'optique, mais l'arbre lui-même qui brillait de mille feux.

Les branches commencèrent alors à bouger, comme secouées par un vent qui aurait soufflé un peu trop fort, seulement, il n'y avait aucun vent...

Et c'est alors que des feuilles commencèrent à se développer, sur chaque branche poussèrent sous mes yeux ébahis des dizaines et des dizaines de feuilles verdoyantes qui scintillaient elles aussi comme cet arbre arrivé de nulle part.

J'avais déjà pu voir de jolies choses dans ma vie, mais le spectacle que je contemplais là de mes propres yeux était d'une extraordinaire beauté.

Les feuilles s'arrêtèrent enfin de pousser, l'arbre était bien fourni et paraissait robuste et vigoureux. Qui aurait pu imaginer qu'il n'existait pas encore il y a quelques minutes à peine ?

Il semblait désormais complet, mais un autre tressaillement, plus léger cette fois, se fit observer dans ses branches, comme une douce vibration, les gracieux mouvements d'un arbre qui aurait su danser...

De petits bourgeons apparurent alors sur chacune de ses branches, bourgeons qui se développèrent eux aussi à une vitesse extraordinaire jusqu'à former de jolies fleurs rosées, qui à leur tour se transformèrent et devinrent ce qui ressemblait à des fruits, des pommes visiblement, sauf que celles-ci n'avaient rien de semblable à celles qu'on trouvait habituellement dans le commerce, elles étaient toutes dorées...

J'étais totalement figée sur place, hypnotisée par le spectacle auquel je venais d'assister et incapable de dire ou de faire quoi que ce soit.

Après quelques minutes, je commençai à reprendre mes esprits et décidai de m'approcher de l'arbre et d'en cueillir un fruit afin de voir si tout cela était bien réel, ou si au final je n'avais assisté qu'à un tour de magie qui aurait été divinement bien ficelé, quand soudain j'entendis derrière moi un grand éclat de rire.

« Voilà ta première leçon ma jeune amie... N'espère pas cueillir les fruits d'un arbre que tu n'aurais même pas encore planté ! »

C'était le vieil homme. Comment diable avait-il atterri là alors qu'il n'y avait absolument personne à la ronde encore quelques minutes auparavant. Ou alors la scène qui venait de se dérouler sous mes yeux m'avait tellement absorbée que je n'avais pas vu le temps s'écouler ni même pris conscience de l'arrivée du vieillard.

Je m'apprêtai à lui demander des explications sur ce qui s'était passé après que j'aie planté la graine quand soudain, j'entendis l'alarme du réveil me hurler dans les oreilles...

J'ouvris les yeux et me redressai vivement... J'étais chez moi, sur mon canapé... J'avais dû m'assoupir après être rentrée du parc.

« Encore un rêve... » soufflai-je en me laissant retomber lourdement sur le sofa. Celui-ci au moins avait été certes intense, mais n'avait rien d'un cauchemar comme j'en faisais souvent depuis quelque temps.

Décidément, le vieil homme me poursuivait même jusque dans mes rêves. J'eus vraiment le sentiment à ce moment-là que ma rencontre avec lui allait bouleverser ma vie à jamais...

10.

Je pris une profonde inspiration et poussai la porte de la librairie. J'étais partagée entre l'appréhension d'une nouvelle conversation et l'espoir d'y trouver des éléments qui me permettraient de me sentir moins écrasée par toutes les questions qui tourbillonnaient dans ma tête depuis quelques jours.

Ne voyant personne depuis l'entrée, je me décidai à appeler : « Monsieur Sonntag ? Euh... Li ! osai-je. Vous êtes là ?

— Par ici jeune fille ! Viens donc me rejoindre dans l'arrière-salle. »

Ouf, il était là ! Ça me paraissait déjà être un miracle aux vues des derniers épisodes. À vrai dire je m'attendais à tout sauf à ce que nous ayons enfin la conversation promise.

Quand j'arrivai derrière l'étagère qui coupait la salle en deux, je le vis installé dans un des fauteuils qui se trouvaient là, comme lors de ma dernière visite. Deux tasses de thé fumant étaient déjà disposées sur la table, comme s'il avait su que j'allais arriver à cet instant. Je ne l'avais même pas prévenu de ma visite, cet homme était décidément très étrange...

Je ressentis une légère pointe d'agacement en apercevant une noix de coco derrière les tasses de thé, car la vue de celle-ci me replongea plus vivement dans le souvenir de la colère que j'avais éprouvée en ce même lieu quelques jours auparavant.

Je fis mon possible pour détourner mes pensées et ne pas faire resurgir plus fortement ces émotions douloureuses.

Le vieil homme m'invita à m'asseoir d'un geste de la main et sans même lever les yeux du livre qu'il tenait entre les mains, il me demanda avec un petit sourire en coin : « Tes nuits sont-elles agitées en ce moment ? Tu as des cernes sous les yeux... »

Il ne m'avait même pas regardée, comment pouvait-il savoir si oui ou non j'avais les yeux cernés ? Enfin, c'était sans importance.

« Et bien je fais souvent des rêves étranges en ce moment ou des cauchemars, je ne peux pas dire que mes nuits soient très reposantes en effet, lui répondis-je, omettant volontairement de lui parler du dernier rêve où il était apparu.

— Les rêves sont des portes ouvertes vers notre inconscient, il y a là bien des messages qui nous sont donnés si nous savons écouter, comme dans les livres d'ailleurs. » dit-il en refermant celui qu'il tenait entre les mains.

Il se tourna légèrement pour me faire face, me regardant avec douceur comme à son habitude.

« Veux-tu prendre la noix de coco qui est juste là s'il te plaît ?

— Ok, lui répondis-je en m'exécutant.

— Très bien. Ouvre-la ! »

Je le regardai, étonnée, me demandant comment il voulait que je l'ouvre. La coque d'une noix de coco étant épaisse et sacrément dure, il n'était pas possible de répondre à sa demande à main nue sans s'appeler Hercule.

« Il me faudrait quelque chose pour briser la coque, je ne peux pas l'ouvrir ainsi ! dis-je au vieillard.

— Exact ! Prends donc ce couteau.» répondit-il l'air malicieux, en sortant un éminceur de je ne sais où.

Je pris l'énorme couteau, m'interrogeant sur la marche à suivre, car face à cette noix, une scie à bois m'aurait été plus utile. Ce couteau n'avait même pas de dents qui auraient pu accrocher la coque... J'entrepris malgré tout la périlleuse ouverture, mais j'avais beau passer et repasser la lame tranchante sur la noix de coco, rien n'y faisait, il y avait tout juste un trait sur la coque malgré mes efforts.

« Je suis désolée, mais je n'y arrive pas ...

— Essaye en utilisant le côté non tranchant de la lame, tape sur le milieu de la noix et fais de même sur tout le tour. Vas-y franchement, et ne t'arrête pas jusqu'à ce qu'elle cède. »

Je tentai la méthode du vieil homme et au bout de quelques minutes — au moins une dizaine — je vis enfin la noix s'ouvrir, libérant une bonne partie de son jus sur la table. Il me pria d'aller chercher le nécessaire pour éponger dans la pièce d'à côté et une fois le nettoyage accompli, il me regarda droit dans les yeux et me dit : « Observe bien cette noix de coco... Pour accéder à sa chaire et à son jus, il te faut non seulement des outils adaptés, mais aussi fournir de réels efforts et persévérer. Elle ne s'ouvrira jamais toute seule, simplement parce que tu le désires, mais si tu as vraiment envie d'accéder à son coeur et de manger ce fruit, tu ne peux pas ne pas réussir à l'ouvrir, tu peux seulement choisir d'abandonner avant d'avoir suffisamment essayé... »

J'attendis quelques instants pour être sûre qu'il avait terminé de parler et lui demandai : «Vous ne parlez pas de la noix de coco n'est-ce pas ? »

Il me sourit, visiblement ravi que j'aie entendu le message qu'il souhaitait me transmettre et poursuivit : « En effet ! Vois-tu, cette noix de coco est comme la vie... Il t'est sans doute arrivé bien souvent au cours de ton existence de renoncer à tes projets ou à tes rêves en pensant tout simplement que leur réalisation était impossible ou que cela nécessiterait des efforts surhumains... Je me trompe ?

— Non, c'est vrai, lui répondis-je après quelques instants de réflexion.

— Bien... La vérité ma jeune amie, c'est que tout, absolument tout dans la vie est réalisable à partir du moment où on y met toute sa volonté et son intention la plus forte... »

Alors que je restai sans réaction, cherchant de quoi argumenter pour lui prouver qu'il avait tort, il poursuivit : « Oui, je sais... Tu es en train de chercher mille raisons qui te permettront de justifier que tel ou tel projet n'était pas réalisable, qu'il était totalement impossible à mettre en oeuvre, mais en réalité, le vrai problème réside dans l'intention et dans les sacrifices que nous sommes ou non prêts à faire pour que notre projet voie le jour...

» La vie est faite de choix et il est certain que nous ne pouvons pas tout avoir, pas tout de suite en tout cas, mais il y a malgré tout une multitude de possibilités qui s'offrent à nous pour nous permettre de transformer nos vies, le seul véritable problème étant celui de cette immense paresse qui gagne bon nombre d'êtres humains et les pousse à subir leur vie plutôt que de la prendre en main, de faire les efforts nécessaires pour enfin accéder à la chaire et au jus de leur existence...

— Mais...

— Pas de mais... Réfléchis quelques instants et parle moi d'un projet que tu aimerais réaliser, quelque chose que tu voudrais voir intervenir dans ta vie ou qui pourrait améliorer celle-ci. »

Je m'enfonçai dans mon fauteuil en faisant le tri parmi toutes les choses qui me trottaient dans la tête et après quelques minutes de réflexion je lui dis : « Et bien j'aimerais beaucoup pouvoir quitter mon tout petit appartement pour trouver quelque chose de plus confortable, qui soit plus à mon goût et pourquoi pas acheter une maison plus tard !

— Voilà un joli projet ! Qu'est-ce qui t'empêche de le réaliser dès maintenant ?

— Le manque d'argent avant tout. Mon travail ne me permet pas de gagner suffisamment pour rembourser un prêt immobilier et assumer toutes les charges qui iraient avec un tel projet...

— Dans ce cas, pourquoi ne pas changer de travail ? Ce n'est sans doute pas la folle passion que tu sembles vouer à ton emploi qui te pousse à rester ? dit-il avec une pointe d'ironie.

— Mon travail n'est pas désagréable, j'aime le contact avec les gens et l'équipe est sympa, mais ce n'est pas vraiment ce que j'espérais faire de ma vie et si je pouvais changer je le ferais... lui répondis-je pensive.

— Et qu'espérais-tu faire de ta vie au juste ? »

C'était une très bonne question à vrai dire. Depuis mon enfance, j'avais changé d'avis des centaines de fois, peut-être des milliers... J'avais voulu tout faire, tout devenir ou presque, mais jamais je n'avais vraiment ressenti ce petit déclic que j'attendais et qui m'aurait dit que cette fois serait la bonne, que j'avais trouvé ma véritable voie. J'étais dans le flou le plus total.

« Pour être honnête, je n'en sais trop rien, lui dis-je.

— Il serait donc bon que tu commences par éclaircir cet aspect... Admettons que ce soit chose faite et que tu aies trouvé LE métier qui te rendrait folle de joie et te permettrait de t'épanouir pleinement tout en gagnant bien ta vie... Qu'est-ce qui t'empêcherait ensuite de quitter ton travail actuel et de te plonger corps et âme dans cette nouvelle direction ?

— Et bien, je pense qu'il me faudrait sans doute reprendre des études et faire une formation appropriée, car de tous les métiers accessibles avec mon seul bac, je n'en ai jamais trouvé aucun qui me donne vraiment envie de m'investir à fond et pour toute une vie.

— Qu'est-ce qui t'empêcherait alors de faire une formation ou de reprendre des études ?

— Mmm... Il me faudrait suffisamment de temps libre pour me concentrer sur la chose sérieusement...

— Du temps libre tu en as avec tes horaires actuels et il existe des cours du soir ou même par correspondance qui te permettraient de jongler entre les deux...

— ... et sans doute un financement en fonction de la formation choisie, car là encore, j'arrive tout juste à couvrir mes factures avec mon salaire, je ne pourrai jamais assumer des frais supplémentaires pour une formation, poursuivis-je sans tenir compte de sa réflexion précédente.

— Il existe toute sorte d'aides ou de subventions pour faire des formations... Certaines banques sont elles aussi susceptibles d'accorder un prêt pour financer un tel projet... Est-il nécessaire que je poursuive ? me dit-il avec un sourire amusé.

— Non, je pense avoir compris où vous vouliez en venir...

— Parfait ! Ainsi, tu seras désormais en mesure d'assumer l'entière responsabilité de ce qui t'arrive — comme de ce qui ne t'arrive pas d'ailleurs — et tu comprendras que les seules barrières qui t'empêchent d'avancer sont celles que tu poses toute seule sur ta route.

— Je ne suis pas tout à fait d'accord ! Il y a beaucoup d'éléments qui interviennent sur ma route et dont je ne suis pas responsable. Je n'ai rien fait pour les provoquer et n'ai pas non plus le pouvoir de les faire disparaître comme par magie ! »

Les propos du vieil homme m'avaient piquée cette fois encore, car il semblait à nouveau pointer un doigt accusateur vers moi, insinuant que si ma vie n'était pas aussi satisfaisante que je l'espérais, c'était uniquement parce que je me maintenais toute seule dans cette galère et que j'étais paresseuse.

« Ne fais pas cette tête... Commencer par assumer tes

choix sera un bon point de départ. Ne te sens pas offusquée par mes propos, ils ne sont que le reflet de la réalité. Tu as toutes les cartes en mains pour transformer ta vie, mais au fond, peut-être ne le souhaites-tu pas vraiment... Beaucoup de gens se complaisent dans une situation qui ne sera qu'à moitié satisfaisante voire pas du tout, pour la simple et bonne raison que cette situation est connue, donc rassurante et sécurisante. Ils savent où ils mettent les pieds, ils savent à quoi s'attendre, pas de surprise donc pas de danger.

— Vous avez sans doute raison, oui... lui répondis-je.

— Tout le problème réside dans le fait que ces gens s'arrêtent dans leur élan, s'empêchent volontairement d'avancer et préfèrent rester sur la berge plutôt que de se jeter à l'eau, tout ça parce qu'il y a une possibilité — parmi tant d'autres — d'entrer dans une impasse. Ils décident de se contenter de ce qu'ils ont entre les mains même si ça ne leur apporte strictement rien ou pire encore, même si cela les contrarie ou les frustre, juste parce que parmi les différentes issues qui pourraient se présenter, il y en a certaines qui pourraient être négatives... Et je dis bien « pourraient »...

— Vous voulez dire que c'est seulement la peur qui nous empêche véritablement d'avancer ?

— Tout à fait ! Aucun obstacle n'est insurmontable et à chaque problème il y a au moins une solution — souvent bien plus — mais beaucoup abandonnent leurs rêves et leurs projets parce qu'ils ont peur de l'échec et craignent aussi de trouver devant eux un vide encore plus grand si jamais leurs espoirs n'aboutissent pas comme ils le souhaitent. »

Je restai pensive un moment, commençant à entrevoir mon existence sous un angle totalement différent et passant en revue dans mon esprit toutes ces choses que j'avais pu mettre de côté en pensant que c'était impossible ou que je n'étais tout simplement pas à la hauteur pour pouvoir espérer une réussite.

J'étais certes encore jeune et disposait ainsi de temps devant moi pour réorienter ma vie de façon plus positive, mais face aux propos du vieil homme, je dus reconnaître qu'à aucun moment avant cette conversation je n'avais envisagé réellement d'agir pour faire bouger les choses. La vérité est que j'étais plutôt dans une attente, espérant que l'opportunité ou plutôt le miracle se présente de lui même, sans que je n'aie à faire de vrais efforts pour transformer mon existence.

Deux voies s'ouvraient donc devant moi : celle qui était dans la continuité de mon chemin à ce moment-là, où je me contenterais de ce que j'avais déjà entre les mains en me disant que c'était mieux que rien et sans envisager une quelconque action, et la nouvelle direction qui venait d'être créée devant moi par les paroles du vieil homme.

Ses mots faisaient véritablement écho en moi et je me dis qu'au fond il avait raison, la seule chose qui m'avait empêchée de tenter de réaliser mes rêves jusque-là était la peur, ou plutôt une certaine lâcheté face à l'inconnu...

Jugeant sans doute que j'avais suffisamment d'éléments à intégrer et à digérer pour le moment, le vieillard embraya sur des propos plus légers de la vie courante, et m'invita à revenir le voir dès que j'en aurais envie pour qu'il me fasse part de « deux ou trois autres petites choses » selon ses termes.

Je le remerciai vivement pour cette entrevue et m'en allai dans un état d'esprit assez particulier. D'un côté, je me sentais comme soulagée de voir enfin de nouvelles portes s'ouvrir devant moi, mais de l'autre côté, je prenais conscience du fait qu'il me faudrait désormais agir si je voulais voir ma vie évoluer et ne plus me contenter d'attendre que le bon Dieu veuille bien déposer un paquet prêt à être déballé devant ma porte.

La colère et le malaise intérieur que j'avais ressentis après ma dernière visite à la librairie s'étaient quoi qu'il en soit envolés et je commençais de plus en plus à penser que l'arrivée de ce vieil homme sur ma route était finalement un cadeau.

Un avenir proche allait malheureusement me montrer à quel point sa présence allait être précieuse et nécessaire dans ma vie...

11.

Un grand éclat de rire... Sarah venait de me balancer en pleine figure une de ses taquineries habituelles qui aurait pu me piquer si elle était sortie d'une autre bouche, mais venant d'elle je savais qu'il n'y avait aucune méchanceté ou moquerie et qu'elle cherchait simplement à me tirer de mon humeur quelque peu brumeuse.

Nous étions allongées dans l'herbe d'un immense champ s'étendant à perte de vue, sous le soleil du mois d'août, parlant de tout et de rien comme nous le faisions habituellement. C'était d'ailleurs devenu un rituel avec le temps que nous nous efforcions de maintenir le plus régulièrement possible.

Chacune racontait à l'autre les derniers potins, nous nous défoulions en coeur pour toutes les petites ou grandes contrariétés subies durant la semaine et nous parlions de nos rêves et de nos espoirs pour l'avenir.

C'était toujours un moment de détente et de grande complicité entre deux amies que rien n'aurait pu séparer...

La conversation n'avait rien d'inhabituel, mais quelque chose d'étrange flottait dans l'air, un petit rien que je ne pouvais définir, mais que je percevais pourtant.

« Tu n'as rien remarqué de bizarre ? » demandais-je à mon amie.

Elle me regarda un court instant, visiblement surprise par ma question et me répondit : « Remarqué quoi ? »

J'essayais de trouver les mots pour lui expliquer ce que je ressentais, mais comme rien ne vint je me contentai d'un : « Oh rien, oublie ça.» en guise de réponse.

Je n'arrivais pas à savoir ce que c'était... J'avais une impression floue, très vague que quelque chose clochait, pourtant je n'avais rien remarqué d'inhabituel chez Sarah. Elle était égale à elle même, arborant fièrement le grand papillon qu'elle s'était fait tatouer sur l'épaule droite quelques semaines auparavant et faisant en sorte qu'il soit toujours visible aux yeux de tous.

Sans doute était-ce une façon supplémentaire de mettre en avant sa différence et de prouver à son entourage qu'elle était désormais une adulte et qu'elle seule décidait de ce qu'elle ferait de sa vie.

Sarah adorait tout ce qui était excentrique et l'idéal pour elle était ce qui était bien visible de loin et pourrait au passage choquer quelques personnes.

La taille de son tatouage était quelque peu exagérée même si le modèle en lui-même n'avait rien de déplacé. Elle adorait les papillons, aussi, lorsque l'idée de se faire graver la peau lui avait traversé l'esprit, il lui était apparu comme une évidence que ce serait un de ses amis ailés qui viendrait lui recouvrir l'épaule.

Alors que je m'apprêtai à reparler du vieillard à Sarah, elle se leva soudain et toujours en riant me dit : « C'est l'heure ! Il faut que je m'en aille Lucie... »

Et sans même me laisser le temps de placer un mot, elle se mit à courir avec légèreté en me faisant un signe de la main. Elle se dirigeait dans la direction du soleil, aussi, au bout d'un moment je ne vis plus rien d'autre que son ombre dans la lumière jusqu'à ce qu'elle disparaisse entièrement et...

La sonnerie du téléphone retentit.

Il me fallut quelques instants pour reprendre mes esprits, me rendant compte que mon portable sonnait et que je venais simplement de faire un rêve. En voyant qu'il n'y avait presque aucune lumière qui filtrait à travers les volets, je regardai le réveil tout en attrapant mon téléphone et vis qu'il n'était que 5h du matin...

« Qui peut bien m'appeler à cette heure ? » grommelai-je tout en appuyant sur la touche pour décrocher.

« Allo ?

— Vous êtes Lucie ? me dit une voix féminine dans le haut-parleur.

— Oui... Qui êtes-vous ?

— Connaissez-vous Sarah Duval ?

— Oui, bien sûr ! Qu'est-ce qui se passe ? Elle va bien ? »

Après quelques instants la voix poursuivit : « Je suis navrée de vous réveiller si tôt mademoiselle, mais vous étiez indiquée comme la personne à contacter en cas d'urgence...

— Mais qu'est-ce qui se passe bon sang ? insistai-je en sentant la peur monter en moi.

— Je suis sincèrement désolée, mais mademoiselle Duval est décédée cette nuit, elle a été renversée par un chauffard ivre en sortant d'un bar. Il était trop tard quand l'équipe médicale est arrivée sur place... »

Totalement incapable de prononcer le moindre mot, je raccrochai machinalement mon téléphone et restai figée dans mon lit. J'étais abasourdie, ne comprenant rien à ce qui venait de se passer. Il me fallut près d'un quart d'heure pour commencer à réaliser que cette fois il ne s'agissait pas d'un cauchemar et que c'était ma vie réelle qui était en train de s'effondrer sous mes pieds.

Sarah était ma meilleure amie. Nous avancions ensemble depuis si longtemps déjà... Elle ne pouvait pas disparaître, pas comme ça, pas aussi tôt alors qu'elle avait encore toute la vie devant elle... Une immense colère monta en moi devant tant d'injustice ! Pourquoi Dieu avait-il permis quelque chose de si horrible ?! Pourquoi décider d'ôter la vie à mon amie alors qu'elle avait encore tant de choses à vivre et à connaître ?!

J'étais complètement anéantie et eus alors le sentiment d'être totalement seule sur cette Terre... Le temps d'un éclair, tous les moments partagés, les éclats de rire, les pleurs, les conversations à n'en plus finir m'étaient repassés devant les yeux et il allait maintenant falloir accepter de poursuivre le chemin toute seule... La vie n'était-elle pas suffisamment compliquée comme ça ? Pourquoi fallait-il qu'un tel malheur arrive maintenant ? Et qu'allais-je devenir sans mon amie ?

La perspective du chemin qui allait désormais se présenter devant mes yeux fit monter en moi de profonds sanglots, tels des spasmes incontrôlables qui durèrent pendant ce qui m'apparut être une éternité.

Après plusieurs heures, les larmes ayant fini par m'épuiser, je saisis mon téléphone, réunissant tout ce qu'il me restait de courage pour appeler les parents de Sarah.

C'est sa tante qui décrocha, venue en urgence chez les parents de mon amie après avoir su ce qui s'était passé. Elle m'informa que l'hôpital avait appelé après avoir trouvé l'adresse de Sarah sur sa carte d'identité. Elle me remercia de mon appel et me demanda de bien vouloir contacter l'employeur de sa nièce et ses amis, ne se sentant pas la force de le faire elle même.

J'acceptai évidemment, mais je vécus cette tâche comme une véritable torture. Annoncer la nouvelle et en parler m'obligeait à accepter que c'était la réalité, et devoir m'y résoudre était totalement insupportable.

Je contactai également mon propre employeur après avoir passé quelques coups de fil et lui demandai de m'accorder quelques jours de congés car il m'était impossible d'aller travailler dans cet état.

Les jours à venir allaient être extrêmement difficiles...

12.

15h...

Les cloches de l'église sonnaient le glas. La messe d'enterrement allait bientôt commencer et je décidai de m'installer au milieu de la petite église pour ne pas gêner la famille de Sarah qui allait venir s'installer aux premiers rangs.

À vrai dire, j'aurais pu m'approcher bien plus, car il ne devait même pas y avoir quinze personnes à la cérémonie. Les parents et les deux frères de mon amie étaient là, sa tante accompagnée de ses deux filles, le patron de Sarah et quelques personnes que je ne connaissais pas.

C'était certes une jeune femme au tempérament bien trempé et aux manières assez provocantes, mais j'étais vraiment peinée de voir que sa mort touchait si peu de monde.

J'avais beaucoup de mal à poser les yeux sur son cercueil. Je n'arrivais pas à accepter l'idée qu'elle était allongée à l'intérieur, morte, éteinte, elle qui avait toujours été si pleine de vie...

Même si quelques jours seulement s'étaient écoulés, elle me manquait terriblement. J'étais déchirée entre ma tristesse et la colère que je ressentais contre Sarah d'être partie si tôt, je me sentais abandonnée, laissée pour compte, alors que ma pauvre amie n'avait été victime que d'un malheureux accident et n'avait pas choisi de disparaître.

La douleur provoque parfois en nous d'étranges réactions... Peut-être m'en voulais-je aussi à moi même de ne pas avoir été là, de ne pas avoir pu faire quelque chose qui aurait pu changer la situation, mais après tout, qui étais-je pour bouleverser le destin ? Dieu avait décidé de la rappeler à lui et personne ne pouvait rien faire contre cela.

Une fois le cercueil mis en terre, je décidai de m'en aller discrètement, ne souhaitant pas participer à la réunion familiale qui allait suivre bien que la tante de Sarah m'y eut conviée lorsqu'elle m'avait aperçue à la sortie de l'église.

La plupart des gens présents à l'enterrement avaient passé la majorité de leur temps à critiquer, juger ou mépriser mon amie et cela incluait même ses propres parents, alors je n'aurais pas pu tolérer de les entendre tenir des discours hypocrites sur la « si gentille Sarah» maintenant qu'elle était partie.

C'est fou comme les gens ont tendance à retourner leur veste après un décès, comme s'ils craignaient de voir le défunt se venger de leurs médisances une fois passé de l'autre côté. Certains tombent peut être aussi dans une sorte d'idéalisation de l'être disparu où tous les éléments qu'ils ont condamnés avant deviennent subitement la pureté incarnée. Je ne savais pas trop quoi penser à vrai dire, mais ce que je savais à ce moment-là c'est qu'il me fallait m'éloigner et m'isoler, ma tête semblant prête à exploser.

Je décidai alors de me diriger vers un petit jardin qui se trouvait derrière le cimetière, soulagée de n'y trouver personne et de pouvoir laisser mes larmes couler librement.

Je m'installai sur un banc qui se trouvait là, le regard perdu dans le vague, me demandant si la souffrance finirait par s'apaiser. J'avais conscience du fait que le temps ferait probablement son oeuvre, mais il me paraissait malgré tout impossible de retrouver une vie normale et heureuse sans mon amie.

Une heure devait s'être écoulée quand soudain je sentis une main se poser sur mon épaule. Je tournai la tête en essuyant rapidement mes larmes et ressentis un grand réconfort en voyant qui se tenait là, juste à côté de moi.

« Li ? Mais qu'est ce que vous faites ici ? »

Le vieil homme me sourit et vint s'asseoir à côté de moi. Je ne l'avais même pas entendu venir, sans doute trop absorbée par mon chagrin, mais j'étais vraiment heureuse de voir cette présence amicale à mes côtés dans un moment aussi difficile que celui-ci.

« Je passais par là par hasard et je t'ai aperçu sur ce

banc, alors me voilà. » me dit-il en souriant toujours.

J'étais convaincue que son arrivée ici n'était pas le fait d'un heureux hasard, mais peu importait, sa simple présence m'apportait déjà soulagement et réconfort et j'en avais grandement besoin.

« Comment Dieu peut-il permettre de telles choses ? lui demandai-je en espérant qu'il puisse m'aider à y voir plus clair. Comment peut-il permettre qu'une personne aussi jeune puisse s'en aller comme ça, alors qu'elle avait encore toute la vie devant elle ? »

Il me regarda avec une intensité déconcertante et au bout de quelques instants me dit :
« Penses-tu vraiment que le responsable dans cette histoire est celui que tu appelles Dieu ?

— Oui ! Si nous mourons, c'est qu'il en a décidé ainsi ! bondis-je. Qui d'autre aurait un tel pouvoir ?

— Et si c'était ton amie qui avait décidé qu'il était temps pour elle de quitter ce monde...

— Quoi ? Comment ça ? Sarah avait des tonnes de projets pour l'avenir, des tas de choses à vivre encore ! Et puis elle n'a pas mis fin à ses jours, c'est cet ivrogne qui l'a renversée ! Où a-t-elle eu le choix ? lui répondis-je bouleversée par ses propos.

— Quand je parle de ton amie et du choix qu'elle a fait, je ne te parle pas de la partie d'elle que tu connaissais, mais de l'autre partie, celle que tu ne peux voir avec tes yeux ni percevoir clairement avec tes sens. Je te parle de son âme...

— Je ne comprends pas... » répondis-je, les yeux baignés de larmes.

Le vieil homme resta silencieux quelques instants, réfléchissant sans doute à la façon dont il allait m'expliquer ses propos tout en observant le décor autour de lui.

« Si tu crois en Dieu, c'est donc que tu admets l'existence d'une force supérieure. Tu admets que quelque chose de plus grand est là, quelque chose que tu ne vois pas, qui n'est pas palpable, mais a pourtant un impact sur ta vie et celle de chacun...

— Oui, c'est vrai, répliquai-je.

— Essaye d'imaginer un instant que Dieu ne soit pas un élément séparé de nous autres, êtres humains, mais qu'il soit en réalité l'ensemble de ce qui existe, qu'il représente la Grand Tout, incluant chaque élément de cette planète, chaque plante, chaque pierre... Et aussi chaque être vivant sur cette Terre... »

Je le regardai assez perplexe et attendis qu'il poursuive.

« Imagine maintenant que la partie de nous qui nous relie à Dieu, qui fait partie de ce tout soit notre âme. C'est l'élément invisible de notre être qui fait partie du Grand Invisible, et qui fait que chacun de nous est relié à la totalité du monde qui l'entoure en permanence...

Imagine un instant que cette âme soit le moteur de notre existence, ce qui définit en profondeur les différents éléments que nous avons à vivre ou à apprendre dans cette vie... Ainsi que l'heure de notre mort terrestre lorsqu’il n'y a plus rien à vivre ou à apprendre qui puisse servir l'âme...

— Mais Sarah aurait pu apprendre encore bien plus de choses pour faire évoluer son âme en restant en vie ! Ce n'est pas juste ! Elle ne devait pas partir si tôt ! » explosai-je dans un nouveau sanglot.

Le vieillard me regarda avec une profonde tendresse en me disant : « Tu es égoïste ma jeune amie, comme la plupart des êtres humains sur cette planète d'ailleurs... Tu aurais voulu garder ton amie auprès de toi pour toute la vie, ce qui est bien légitime certes, mais tu perds de vue que si celle-ci est partie maintenant, c'est pour lui permettre d'évoluer véritablement et de retrouver sa liberté.

— Mais dans ce cas, pourquoi ne prendrions nous pas tous un raccourci pour passer directement de l'autre côté si tout est si beau et lumineux là-bas ! répliquai-je avec colère.

— Ce n'est pas si facile... Si tu prends un raccourci comme tu dis, ton âme ne pourra atteindre son but et il te faudra alors tout recommencer dans une autre incarnation... Tout, depuis le début ! Le chemin que tu as déjà parcouru dans cette vie t'est acquis, c'est quelque chose qui t'appartient pleinement et que tu n'auras plus à refaire, mais il faut pour cela aller au bout du chemin de cette existence terrestre et ne pas tenter de prendre une issue de secours, sans quoi tous les efforts que tu as faits jusque-là, toutes les souffrances que tu as endurées et toutes les épreuves que tu auras traversées auront été vaines, car il te faudrait refaire tout ce chemin dans une prochaine vie pour que ton âme puisse atteindre le palier suivant... »

Je restai pensive, sentant mes idées s'embrouiller, incapable sans doute d'accepter ce que le vieil homme me disait à ce moment-là, même si quelque chose au fond de moi me faisait comprendre qu'il avait raison. Il était trop tôt pour que je puisse intégrer cette nouvelle vision de ma réalité, et ma souffrance et ma colère étaient sans doute bien trop grandes encore.

Après quelques minutes, le vieil homme poursuivit : « Il y a une grande contradiction en toi à cause de la religion. D'un côté on nous dit que Dieu est amour et bonté et en même temps, on nous laisse entendre qu'Il juge et punit, qu'Il nous condamne à l'enfer si nous ne respectons pas Sa volonté... Mais penses-tu vraiment que celui que tu appelles Dieu ne puisse pas se faire obéir par Lui même s'Il le désirait ainsi ? Penses-tu vraiment qu'Il ait besoin de nous faire subir son courroux si nous désobéissons alors qu'Il est Dieu et qu'Il a de ce fait plein pouvoir sur tout l'univers ? Pourquoi nous aurait-Il accordé un libre arbitre si nous n'avions pas véritablement la possibilité de choisir notre route ?

— Je n'en sais trop rien, lui répondis-je.

— Crois-tu vraiment qu'Il nous laisserait faire tout ce que nous voulons s'Il voulait qu'il en soit autrement ? Je te dis ceci jeune fille : si Dieu voulait tout simplement qu'on obéisse à des règles bien précises sans jamais dévier d'une quelconque façon, c'est ce qui serait ! Dieu est Dieu et Il n'aurait aucun mal à nous soumettre s'Il le souhaitait... Mais la vérité c'est que Dieu ne veut pas nous soumettre, Il veut simplement que nous soyons libres d'avancer comme bon nous semble, ou même de ne pas avancer si tel est notre souhait, pour que ceux qui reviendront vers Lui le fassent par choix et non par obligation. Dieu n'est pas un bourreau ou un monstre... Si la vie terrestre est si compliquée et douloureuse, et si la planète est dans un tel état, c'est bien parce que l'Homme a fait de mauvais choix, pas parce que Dieu aurait choisi de nous punir... »

Il se leva, s'apprêtant à partir, et posant sa main sur mon épaule il prononça ces paroles qui resteront à jamais gravées dans ma mémoire : « Tu n'as pas perdu ton amie Lucie... Elle n'est pas morte ! Elle vit juste autrement...parce qu'il était temps pour elle d'atteindre une nouvelle étape de son chemin. Réjouis-toi, parce que même si cela nécessite un peu de patience, lorsque tu auras achevé ta propre route ici bas, tu la retrouveras... Ce n'est pas parce qu'on ne voit pas certaines choses qu'elles ne sont pas là... »

Je me contentai de hocher la tête, incapable de prononcer le moindre mot tant l'émotion suscitée par ses paroles était forte.

Je suivis du regard les pas du vieil homme qui

s'éloignait lentement, profondément reconnaissante de tout ce qu'il faisait pour moi, car même si sa façon de voir la vie et ses idées avaient tendance à bousculer les miennes, quelque chose était en train de changer en moi et je commençai presque à me sentir apaisée, même si la tristesse était encore fortement présente. Elle le serait probablement pendant un long moment encore.

Alors que je m'apprêtais à me lever à mon tour pour rentrer chez moi, quelque chose frôla mes cheveux. Je tournai la tête machinalement pour voir de quoi il s'agissait, mais rien... Je vis alors quelque chose bouger sur mon genou gauche. Quand je tournai les yeux, je m'aperçus que c'était un petit papillon qui était venu se poser là.

Je fis en sorte de ne pas bouger pour qu'il ne s'envole pas et fus soudain parcourue d'un immense frisson au moment où je me rendis compte qu'il n'y avait pas qu'un seul papillon là où je me trouvais, mais des dizaines, peut-être des centaines qui volaient à présent devant moi.

J'étais subjuguée, totalement hypnotisée par le spectacle qui se déroulait devant mes yeux. C'était incroyable, presque surréaliste et pourtant je ne rêvais pas, ils étaient bien là.

Je restai immobile, figée sur place par tant de beauté. Ces papillons étaient magnifiques avec leurs petites ailes bleutées. Je ne me souvenais pas avoir vu de tels papillons jusqu'alors et fondis soudain en larmes quand l'image du tatouage de Sarah apparut devant mes yeux comme dans un éclair.

Je ne pourrais jamais oublier ce moment, car c'est précisément là que les paroles du vieil homme prirent tout leur sens et que je compris que mon amie était bel et bien là, avec moi, et qu'elle le serait pour toujours...

13.

Durant quelques semaines, je restai la plupart du temps cloîtrée chez moi, ne sortant que pour aller travailler ou faire des courses, faisant même en sorte d'esquiver la réunion familiale hebdomadaire tant j'avais besoin de solitude.

Il fallait que je m'isole, que je mette de l'ordre dans mes pensées et surtout que je digère les derniers événements.

Même si la tristesse liée à la disparition de mon amie était encore très forte, j'avais néanmoins l'étrange sentiment d'une présence constante à mes côtés, même s'il n'y avait rien de palpable qui aurait pu me le prouver.

Peut être était-ce mon imagination, mais peu importait, ça m'apaisait et me réconfortait alors je laissai mon esprit lier l'image de Sarah à cette sensation et fis au mieux pour tenir bon et ne pas laisser mon moral sombrer tout au fond du gouffre.

Quand arriva le mois de septembre, je me dis qu'il était temps de sortir de ma tanière et ma première envie fut d'aller à la librairie voir le vieil homme dont le soutien avait été si précieux.

Je ne l'avais pas revu depuis l'enterrement et craignais un peu que sa présence ne vienne raviver la souffrance que j'avais ressentie le jour de notre dernière entrevue, mais j'éprouvais aussi le besoin de lui parler, de lui faire part de toutes les réflexions qui s'étaient bousculées dans mon esprit ces dernières semaines, alors je pris la résolution de retourner à la boutique le jour même en espérant qu'il ait un peu de temps à m'accorder.

J'arrivai sur les lieux vers 16h et fus heureuse de l'apercevoir au milieu de la salle lorsque je poussai la porte.

Il me lança un « Bonjour Lucie ! » sans même s'être tourné. Il m'avait probablement aperçue à travers la vitrine quelques instants auparavant.

Voyant qu'il disposait de nouveaux livres sortis d'un carton à ses pieds sur les étagères, je lui proposai mon aide qu'il accepta volontiers.

Je ressentis un étrange mélange d'émotions en commençant à trier les livres, car revenir dans cet univers qui était à présent devenu assez familier alors que toute ma vie avait été bouleversée par la mort de mon amie était plutôt douloureux à accepter. Tout était pareil ici et pourtant, tout ailleurs était devenu différent.

« Comment te sens-tu jeune fille ? me demanda le vieil homme sur un ton très doux.

— Ça va, lui répondis-je, sentant les larmes me monter aux yeux. En fait non, ça ne va pas tant que ça... Les derniers événements sont encore très douloureux. Je n'arrive pas à réaliser ce qui se passe et je ne peux pas accepter qu'elle ne reviendra pas...

— C'est là tout le problème ma jeune amie. Ce qui te fait souffrir n'est pas tellement le départ de ton amie, mais surtout le fait que ton esprit lutte contre cette idée et refuse de se résigner devant le changement. Ta souffrance pourrait s'arrêter à l'instant même si tu décidais de tenir uniquement compte de ce qui est aujourd'hui et acceptais tout bonnement les éléments qui font partie de ta réalité à l'instant présent, mais tu laisses ton esprit vagabonder vers ce qui a été vécu par le passé et tous les moments que tu avais projetés dans l'avenir et qui ne seront jamais réalité, et cela t'empêche d'avancer et de faire ton deuil.

— Je ne suis pas sûre de vous suivre, répliquai-je.

— Et bien ce que je veux dire, c'est que le passé est derrière nous et ne peut revenir, et l'avenir quant à lui n'existe pas encore. Il n'existe qu'un seul temps en réalité, celui de l'instant présent. Si tu choisis de concentrer toute ton attention sur le « ici et maintenant » au lieu de laisser vivre tes regrets sur ce qui n'est plus, ou tes espoirs sur ce qui n'est pas encore, toute ta perspective de la vie changera et tu pourras ainsi te soulager d'un grand fardeau... Si tu veux savoir si cela est possible ou non, il ne te reste plus qu'à essayer... Et n'oublie pas la noix de coco ! Tu ne peux échouer, encore faut-il faire des efforts suffisants jusqu'à obtenir satisfaction. » me dit-il avec un grand sourire.

Je restai pensive quelques instants tout en continuant à entreposer des livres sur les différentes étagères et finit par lui promettre que j'allais faire de mon mieux pour appliquer ses conseils.

Il me proposa ensuite de faire une pause autour d'une tasse de thé et nous sommes allés nous asseoir dans l'arrière-salle. Le vieil homme restant silencieux, je me décidai à lui poser la question qui me trottait dans la tête depuis quelque temps déjà.

« Li ? Puis-je vous demander comment vous êtes arrivé à tout ça ? Enfin je veux dire, est-ce que vous avez toujours vu la vie de cette façon-là ? »

Visiblement ravi de pouvoir me parler du chemin qui l'avait mené jusque-là, il me sourit et me dit : « Non, je ne suis pas né avec ce regard sur le monde. Ce sont les circonstances de la vie qui m'ont poussé dans ce sens et même si cela n'a pas été facile, je dois dire que c'est un précieux cadeau qu'on m'a fait là. Vois-tu, mon père est arrivé de Chine lorsqu'il était encore un jeune homme et a rencontré ma mère deux années plus tard.
» Ils se sont mariés, ont décidé de fonder une famille malgré les regards qui étaient posés sur eux à cause des origines de mon père. Le « mélange des races » n'était pas très bien vu à cette époque... Ma mère, qui était Française, est morte en couche alors que j'avais à peine cinq ans. L'enfant qu'elle venait de mettre au monde à ce moment-là a survécu, mais mon père a dû s'occuper de nous et de mes deux soeurs tout seul, épaulé par ma tante qui venait dès qu'elle le pouvait pour le soulager quelque peu. Ma tante était vieille fille, elle n'avait pas

de famille à elle et était ravie de pouvoir s'occuper de nous, même si les circonstances qui l'avaient amenée là étaient bien malheureuses.
» Etant l'aîné, je devais veiller sur mon frère et mes deux soeurs et jouer le rôle du chef de famille, alors que j'avais à peine huit ans. C'est à ce moment-là que j'ai commencé à vivre dans l'instant présent, car le passé ne pouvait plus être changé et il fallait que chacun de nous puisse se construire un avenir.

— Ça a dû être très lourd à porter, tant de responsabilités sur les épaules d'un enfant ? lui demandai-je.

— Pas tant que ça, parce que j'ai très vite compris que le fait de me focaliser sur ce qui existait juste là sous mes yeux m'aiderait à vivre toutes les étapes plus sereinement. Pourquoi me serais-je tracassé pour ce qui venait devant alors qu'il y avait déjà bien assez de choses à faire dans le présent ?!

— Je vois...

— Cette leçon m'a été imposée par la vie, mais je remercie l'univers pour ça, car elle m'a été très précieuse tout au long de mon existence et m'a donné la possibilité de rebondir bien plus vite en cas de coup dur, mais aussi de profiter pleinement des bonnes choses qui se présentaient en cours de route au lieu de vivre dans la peur du lendemain. Les souffrances du passé avaient également rendu chaque instant bien plus précieux et j'ai appris ainsi à véritablement savourer chaque seconde de ma vie.

— Je comprends. Au lieu de vous lamenter sur votre sort et de vous poser en victime de la vie, vous avez choisi de vous adapter aux circonstances du moment et de faire de votre mieux avec ce qui était là, n'est-ce pas ? lui dis-je en souriant.

— Je suis heureux de constater que tu as retenu la leçon ! » répliqua-t-il en me regardant d'un air satisfait.

Malgré la souffrance que je ressentais encore en moi à cause des derniers événements, je commençais à me sentir plus légère parce que les paroles du vieil homme avaient fait naître de l'espoir en moi. L'espoir que toute ma vie pourrait changer, que même la douleur pourrait se transformer en quelque chose de plus positif à partir du moment où j'en déciderais ainsi.

C'est comme si ma rencontre avec cet homme et même la brutalité avec laquelle mon amie avait disparu m'avaient lavé le cerveau et avaient fait naître une nouvelle Lucie. Je ressentis très fortement à ce moment-là que la porte d'une nouvelle vie plus heureuse n'était plus qu'à un pas et commençai à croire que tout était vraiment possible comme l'avait affirmé le vieux sage.

Je me décidai alors à lui toucher deux mots sur les derniers changements intervenus dans mon état d'esprit depuis quelques jours.

« Vous savez, j'ai beaucoup réfléchi à ce que vous m'avez dit il y a quelque temps, sur les obstacles que je plaçais toute seule sur ma route et qui m'empêchaient de réaliser mes projets...

— Ah oui ? me répondit-il en se tournant vers moi, visiblement curieux de savoir ce que j'avais à lui dire.

— Oui ! Les derniers événements et nos conversations m'ont poussée à me dire qu'il ne fallait pas attendre dix ou vingt ans avant de commencer à agir pour que ma vie change et je me suis fortement interrogée sur ce que j'aimerais faire de ma vie...

— Continue...

— Et bien, pour le moment, je ne sais pas encore trop de quelle façon je vais pouvoir atteindre mon objectif, mais j'ai commencé à faire du tri dans ce que je veux et ce que je ne veux pas, et je me suis dit que j'aimerais vraiment exercer une activité où je peux être utile aux autres, autrement qu'en leur servant leur repas, où je pourrais peut être les aider à avancer sur leur propre route et faire ainsi en sorte de m'épanouir dans ce que je ferais au lieu de me contenter d'un emploi qui ne me sert qu'à payer mes factures.
» Je pense être de nature suffisamment patiente pour ça, j'ai toujours eu tendance à écouter les autres plus qu'à ne leur parler, j'ai une certaine empathie, alors peut être que je vais pouvoir trouver une formation dans la psychologie ou le social qui pourrait me convenir ?! » lui répondis-je, ravie de pouvoir partager mes dernières réflexions avec celui qui les avait finalement provoquées.

Le vieil homme ne dit rien, mais me fit un large sourire qui en disait bien plus que les mots qu'il aurait pu prononcer.

« Le plus compliqué maintenant va être de trouver quoi faire exactement... ajoutai-je.

— Ça ne sera pas aussi compliqué que tu le crois si tu es à l'écoute des signes jeune fille.

— Des signes ?

— Oui ! L'univers, ou Dieu si tu préfères, ne te laissera jamais dans le flou lorsque tu es perdue. Demande lui donc un coup de pouce, demande-lui qu'il te montre la voie et sois ensuite attentive à ce qui se passe autour de toi. On ne t'enverra pas un panneau lumineux t'indiquant avec exactitude le chemin à prendre, mais si tu es à l'écoute, tu verras que des tas de signes arrivent constamment jusqu'à toi pour te guider sur ta route. Il suffit d'ouvrir les yeux et de faire confiance à la vie, elle ne te laissera pas tomber. »

Je l'observai un peu perplexe quant à cette histoire de signes, mais pensai que ses conseils avaient été sages et sensés jusque-là alors je lui dis : « D'accord, je vais essayer. »

Sur quoi il me fit un clin d'oeil, sans doute ravi que j'accepte de tenter l'expérience sans chercher à lutter ou à argumenter dans l'autre sens cette fois.

Même si la réalisation de ce qu'il venait de m'expliquer me paraissait assez improbable, je n'avais rien à perdre à essayer.

La discussion se poursuivit encore quelque peu et,

voyant sans doute que j'étais assez fatiguée, le vieil homme me congédia en me remerciant de mon aide et en m'invitant à revenir lorsque j'en aurais envie.

Je lui souhaitai une bonne soirée et sortis de la librairie. Deux jeunes femmes passèrent devant moi à toute allure, l'une riant à gorge déployée pendant que l'autre lui racontait je ne sais quelle histoire.

Elles étaient déjà à une bonne dizaine de mètres devant moi lorsque je vis une feuille de papier tomber du classeur que l'une des filles transportait. Une grande bourrasque de vent fit virevolter cette feuille à un mètre devant moi, aussi, je me précipitai pour aller la ramasser et la rapporter à sa propriétaire.

Le vent était d'humeur taquine ce jour-là et il me fallut une minute pour arriver à l'attraper, et lorsque je me relevai m'apprêtant à signaler à la jeune femme qu'elle avait perdu un papier, il n'y avait plus personne devant moi.

Je courus jusqu'à l'angle de la rue pour voir où elles étaient passées, mais j'avais beau chercher, mon regard ne les retrouva nulle part.

Je posai alors les yeux sur la feuille en question parce qu'après tout ce n'était pas forcément un document important et me mis à rire intérieurement en voyant de quoi il s'agissait.

« Sois attentive aux signes... » m'avait il dit...

14.

Lundi matin, 7h57.

J'avais eu du mal à trouver une place de parking et avais dû piquer un sprint pour ne pas être en retard à mon rendez-vous, mais peu importait, j'étais arrivée à temps et trouvai rapidement l'endroit où j'étais attendue.

« Bureau des admissions » indiquait la petite pancarte qui se trouvait à droite de la porte devant moi.

J'avais appelé trois jours auparavant pour obtenir des renseignements et savoir s'il m'était encore possible de m'inscrire aux cours qui m'intéressaient et on m'avait proposé de venir dès le début de la semaine suivante à 8h pour préparer mon dossier.

Le concours de circonstances qui m'avait amenée là était vraiment incroyable, et pourtant, c'était bien la réalité.

La feuille qu'avait perdue cette jeune femme, passée devant moi juste au moment où je sortais de la boutique du vieillard, n'était rien d'autre qu'un planning indiquant les horaires des cours de psychologie dispensés à la fac qui se situait à quelques kilomètres de là... Et le petit miracle dans l'histoire était que les horaires des cours s'adaptaient parfaitement à mes horaires de travail !

Voilà une première barrière qui venait de se lever avec bien plus de facilité que ce que j'aurais pu imaginer. Étant donné les derniers échanges avec le vieil homme, je m'étais dit que tout cela ne pouvait être le seul fait du hasard et j'avais ainsi décidé de saisir cette chance sans hésitation.

Une nouvelle porte venait de s'ouvrir devant moi, laissant entrer dans mon existence une grande vague d'espoir, parce que je ressentais tout au fond de moi que ce pas vers l'avant allait en provoquer bien d'autres à l'avenir ...

15.

« Pourvu qu'il soit là ! » pensai-je en arrivant à la librairie juste après le travail.

Je poussai la porte et avant même d'avoir franchi le seuil criai : « Li ? Vous êtes là ? C'est Lucie ! » en me ruant dans l'arrière-salle, le vieil homme n'étant pas derrière son comptoir.

« Et bien, quelle énergie ! Tu veux une bouteille d'oxygène ? » me demanda-t-il d'un air taquin en me voyant bondir devant lui complètement essoufflée.

Je ne pris même pas le temps de lui répondre et me contentai de brandir devant ses yeux mon dossier d'admission à la fac, le sourire jusque derrière les oreilles et fière comme un paon.

« Qu'est ce que c'est ? » murmura-t-il tout en chaussant ses lunettes pour mieux examiner la chose. J'attendis sans bouger, les yeux luisants tant j'étais heureuse, guettant sa réaction comme une petite fille qui aurait fait un superbe dessin et attendrait impatiente le verdict de son papa.

Le vieil homme examina le document pendant quelques

minutes, semblant même faire exprès de traîner pour me faire languir un peu plus, moi qui trépignais presque devant lui, prête à exploser de joie.

« Ah ! Il semblerait qu'une fois décidée tu ne perdes plus de temps, me dit-il enfin, l'air plus que ravi.

— Ça y est ! Je suis inscrite et les cours commenceront dans quelques semaines ! lui dis-je surexcitée. En plus tout se goupille parfaitement bien, je devrais pouvoir suivre la totalité des cours tout en continuant à travailler comme d'habitude !

— Finalement ce n'était pas si difficile que ça, n'est-ce pas ? ajouta-t-il.

— Effectivement ! Je dois reconnaître que vous aviez raison, même si j'avais beaucoup de mal à concevoir que tout ça soit possible il n'y a pas si longtemps encore. C'est le chemin qui va débuter maintenant qui va être plus compliqué par contre...

— Hep ! Te souviens-tu de ce que je t'ai dit au sujet de l'instant présent ? »

Je fis la moue comme si je m'étais faite attrapée la main dans le sac et bredouillai : « Je suis désolée, je crois que je vais encore devoir travailler là-dessus un bon moment.

— Ne sois pas trop sévère envers toi même, l'indulgence est aussi un atout précieux lorsqu'on veut progresser. Ne cherche pas la réussite à tout prix, mais contente toi de faire de ton mieux, c'est la seule chose que tu aies à faire en réalité.

— Comment ça ? lui demandai-je.

— Et bien... Tu es actrice de ton existence et tu auras toujours des choix à faire en fonction des éléments qui vont intervenir au fur et à mesure de ton parcours... Mais pour ce qui est de la finalité, c'est toujours la vie qui décidera en fonction de ce qui est prévu pour toi ou plutôt en fonction de ce que désire ton âme. Aussi, tu ne pourras pas forcer les choses ou les provoquer si l'univers a d'autres projets pour toi.
» Le travail qu'il te reste donc à accomplir est de choisir, à l'instant présent, la route que tu vas emprunter, l'attitude que tu vas adopter face à telle ou telle situation. Comme tu ne peux pas décider de l'issue puisque cela ne t'appartient pas, il ne te reste plus qu'à faire de ton mieux pour ensuite remettre ton sort entre les mains de la vie, ou de Dieu, comme tu voudras. Tu me suis ?

— Je crois bien que oui. Ce que vous entendez par là c'est qu'à chaque instant je dois donner le meilleur de moi même, sans me préoccuper du résultat, c'est bien ça ?

— C'est exactement ça oui !

— En théorie ça semble assez facile, mais je sais qu'une fois sur place, je ne pourrais pas ne pas songer à la finalité...

— ... et te mettre par la même occasion une pression monstrueuse sur les épaules. » me coupa-t-il, comme pour dire tout haut ce sur quoi je n’arrivais pas à mettre de mots et qui pourtant était le strict reflet de la réalité.

Le vieil homme avait raison. À chaque fois que je m'étais retrouvée en situation qui incluait un verdict final dont je ne pouvais décider, je croulais sous un stress énorme, passant tout mon temps à ruminer et à me demander ce qui allait se passer si jamais j'échouais et ce que j'allais devenir ensuite.

J'avais vécu ce schéma là tellement de fois. Qu'il s'agisse de petits ou de grands examens, de mon permis de conduire, d'entretiens d'embauche... C'était pareil pour tout, je portais sur mes épaules une énorme pression et ça ne m'aidait sans doute pas.

Le vieillard ne me laissa pas m'enfoncer dans mes pensées bien longtemps et poursuivit : « Tu veux que je te dise qu'elle est ton véritable problème ? En fait il y en a deux pour être plus exact...

— Je vous écoute.

— Le premier est que tu doutes de toi. Tu ne sais pas si tu es réellement à la hauteur de cet objectif que tu souhaites atteindre et tu es sans doute déjà en train de te triturer les méninges en te demandant si tu pourras aller jusqu'au bout. N'oublie pas ce que je t'ai dit, avant de penser à l'avenir, commence par vivre ton présent, car c'est là que tout se joue, c'est là que tout se joue toujours. Il faut que tu commences à te voir telle que tu es réellement, et non telle que les autres t'ont créée.

— Qu'est ce que vous voulez dire ? lui demandai-je interloquée.

— J'entends par là que l'image que nous avons de nous-mêmes n'est pas sortie de nulle part et n'était pas déjà gravée dans nos esprits lorsque nous sommes nés. Notre regard sur nous-mêmes est défini par des éléments extérieurs à nous, capables d'émettre un jugement comme nos parents, notre famille, nos amis, nos professeurs, nos collègues, et l'ensemble des personnes qui vont graviter autour de nous tout au long de notre existence.
» Ils nous servent de miroir en quelque sorte, car si nous étions seuls au monde, nous ne pourrions pas avoir d'opinion concrète sur notre propre personne puisque pour cela, il faut qu'une comparaison soit possible et il nous faut donc un ou plusieurs autres points de référence... Ainsi, lorsque ces points de référence émettent une opinion négative ou dévalorisante sur celui ou celle que nous sommes, nous finissons par intégrer cela comme étant la réalité et perdons ainsi la lucidité nécessaire pour nous percevoir tels que nous sommes vraiment et avoir la possibilité de nous accepter, de nous aimer véritablement.
Toute notre existence se construit alors sur des bases erronées et c'est la porte ouverte à de nombreuses difficultés qui n'auraient pas lieu d'être si notre vision de nous-mêmes était plus objective.

Je pris le temps d'intégrer ses paroles pour tenter de tout comprendre et lui demandai assez intriguée par le point qu'il venait de soulever : « Mais alors comment faire pour retrouver une vision plus juste de soi-même ?

— C'est facile, dans la théorie du moins. Il suffit de faire table rase du passé, de détruire toutes ces bases erronées sur lesquelles tu as pu construire ta vision de celle que tu es, et ensuite te faire ta propre opinion plutôt que de te baser sur des avis extérieurs au tien. Et c'est d'ailleurs ce que tu devrais toujours faire, quelles que soient les circonstances. Ne pas croire aveuglément à ce que les autres disent, mais juger par toi même et te demander ce que TOI tu penses vraiment de ceci ou cela...

— Je vois... Et je trouve tout ceci très intéressant, mais la mise en pratique est sans doute très difficile, lui répondis-je, plutôt dépitée.

— Aussi difficile que d'aller s'inscrire à la fac... Il suffit de se jeter à l'eau et d'essayer ! » me répondit-il en riant, sachant très bien que je comprendrais ainsi le message.

Il avait raison... Ce n'était sans doute pas le fait de changer le regard que je portais sur moi-même qui était difficile, mais surtout le premier pas qu'il fallait faire dans cette direction.
L'arrivée de ce vieil homme dans mon existence avait cependant déclenché une grande remise en question dans ma vie, et je décidai une fois de plus de tenter ma chance pour appliquer ses recommandations qui étaient pleines de bon sens, comme à chaque fois.

« Vous avez parlé d'un deuxième problème... Vous voulez bien m'expliquer ?

— Allons-y ! Ton deuxième problème jeune fille, est que tu dis croire en celui que tu appelles Dieu, mais tout dans ton attitude démontre le contraire... Tu n'y crois pas vraiment en fait.

— Bien sûr que si ! Rétorquai-je plutôt offensée qu'il mette en doute mes croyances.

— Ne te vexe pas ainsi, ce que je te dis est la réalité... Je vais t'expliquer.

— Très bien...

— Ta vision des choses semble te porter à croire que le Créateur mène la danse et qu'il choisira ainsi de t'accorder ou non ce que tu désires si tu es suffisamment sage et pieuse pour ça, n'est-ce pas ?

— Et bien, je ne l'aurais pas dit comme ça mais je suppose que ça ressemble assez à la réalité oui...

— Bien. Tu le vois comme un Dieu juste — ou en tout cas la plupart du temps — qui amènera dans ta vie ce qui doit y être, en sachant très bien ce qui sera bon pour toi ou non, car, puisqu'Il est Dieu, Il est le seul à avoir une vision assez large de la situation pour connaître tous les tenants et aboutissants. Toujours d'accord ?

— Oui.

— Je poursuis. Ton Dieu qui a toutes les cartes en main et le gouvernail de la vie te donnera donc exactement ce qu'il te faut, quand il te le faut, et t'accordera toujours ce que tu demandes si la réalisation de ton souhait est bénéfique pour toi et ton évolution...

— Sans doute oui.

— Alors dans ce cas, si tu sais que Dieu fera tout ce qu'il faut, pourquoi diable n'arrives-tu pas à te reposer sur lui et à le laisser te présenter ce qui sera bon pour toi en arrêtant de constamment te casser la tête et de vivre dans la peur ?

— Mais...

— Pas de mais ! Tu affirmes croire en Dieu, tu dis en somme savoir qu'il fait ce qu'il fait pour une bonne raison, mais constamment tu doutes du résultat qui se présentera devant toi ! Constamment tu ressens de la peur à l'idée que ton avenir puisse ressembler à un champ de ruine et constamment tu gaspilles ton énergie à ruminer mille pensées négatives parce que tu penses qu'il est possible que Dieu se trompe dans les ingrédients du plat qu'il est en train de préparer ! Si tu crois en ton Dieu autant que tu le dis, il va falloir commencer à lui faire vraiment confiance, parce que tout en toi prouve vraiment que ce n'est pas le cas... »

Et sans dire un mot, le vieil homme alla s'asseoir et m'observa un moment, laissant ses dernières paroles se distiller dans mon esprit. J'allai le rejoindre et m'installai sur l'autre siège, ne sachant pas vraiment quoi lui dire, car là encore, ses paroles sonnaient juste à mes oreilles et je devais admettre que c'est ma foi qui n'était sans doute pas aussi forte et limpide que je ne l'avais cru jusque-là. Je me décidai enfin à briser le silence.

« Je hisse le drapeau blanc... Vous avez raison. J'ai souvent peur de ce qui pourrait m'arriver ou peur que mes espoirs ne se réalisent jamais parce que même si je crois en l'existence de Dieu, il est possible que j'aie du mal à croire qu'il puisse vraiment m'accorder tout ce qui sera bon pour moi et m'aider à avancer.

— Et pourquoi penses-tu ainsi ?

— Mmm, je suppose que j'ai du mal à imaginer que Dieu puisse s'intéresser à moi et avoir envie de se préoccuper de mon cas...

— Tu penses donc être indigne de son amour ? Commence par régler le premier problème dont nous avons parlé et alors tu te rendras compte que tu mérites comme chacun tout l'amour et toute l'attention qui puissent t'être donnés. Commence par aimer celle que tu es, tu pourras ensuite accepter comme sincère l'amour venant des autres, y compris de Dieu. »

Tout en se levant pour aller s'occuper d'un client qui venait d'entrer il ajouta : « Et n'oublie pas ce que je t'ai dit... Tu n'es pas un élément séparé de Dieu, ton âme fait elle aussi partie du Grand Tout sur lequel tu as collé le visage du Créateur. Pourquoi Dieu te refuserait-il quelque chose qui serait bon pour toi alors qu'indirectement, ce serait aussi bon pour Lui puisque tu es une petite parcelle de ce qu'Il est ? »

Le vieil homme s'éloigna, me laissant méditer sur ses

derniers mots. Je me rendis compte alors que l'ampleur de la tâche qui m'attendait allait être bien plus imposante que je ne l'avais pensé, car ce n'est pas seulement une petite portion de ma perception de la vie qu'il allait falloir transformer, mais plutôt la quasi-totalité. J'étais cependant déterminée à ne plus m'apitoyer sur mon sort et à faire tout ce qu'il faudrait pour qu'enfin je me libère de ces vieux schémas qui ne m'avaient jamais rien apporté de très positif au final.

Et si j'avais su ce qui m'attendait un peu plus loin sur ma route, j'aurais sans doute amorcé cette remise en question bien plus tôt. Ma rencontre avec cet étrange personnage était décidément un véritable cadeau...

16.

« Nouvelle étape qui commence ! » me dis-je alors que j'entrai dans l'amphithéâtre pour suivre mon premier cours. J'étais enthousiaste et un peu nerveuse à la fois de cette nouvelle aventure qui démarrait et dont j'attendais tellement.

J'avais acheté un petit carnet que je promenais partout avec moi et dans lequel j'avais noté les éléments importants et tous les conseils dispensés par mon vieil ami afin de toujours avoir à portée de main tous les précieux outils qu'il m'avait offerts tout au long de nos différentes conversations.

Je m'installai au 3e rang, me frayant un chemin au milieu des autres étudiants qui avaient déjà pris place dans la salle. Le professeur était derrière son bureau, attendant patiemment que la fourmilière s'immobilise et qu'il puisse ainsi avoir toute l'attention des participants.

Quand ce fut chose faite, il se leva, se présenta, et nous donna les lignes essentielles du programme que nous allions suivre avec lui.

Tout n'était pas forcément très exaltant, mais ça faisait partie du lot, et la joie de pouvoir entrouvrir une nouvelle porte sur mon parcours professionnel et avoir ainsi la possibilité d'évoluer dans une direction qui pourrait être bien plus épanouissante que celle que j'avais suivie jusque-là m'aiderait sans doute à passer au-dessus des éléments les plus lourds du programme.

« Jeunes gens, veuillez prendre vos manuels à la page 34, nous allons commencer. » indiqua le professeur.

Je cherchai aussitôt le manuel en question dans mon sac pour me rendre compte que j'avais dû me mélanger les pinceaux avec un autre cours dont l'intitulé était assez similaire à celui-ci et je me retrouvai donc avec mon seul bloc note en espérant pouvoir malgré tout suivre le cours sans manquer des éléments importants.

« Ça commence bien ! » murmurai-je plutôt en colère contre moi même.

« Psst ! » entendis-je derrière moi alors que je m'enfonçai dans mon siège en espérant que le professeur ne remarque rien.

Je me tournai pour voir d'où ça venait et fis un petit bond sur mon siège en me retrouvant nez à nez avec un autre étudiant qui s'était rapproché après avoir remarqué mon embarras.
« Tu as oublié ton livre ? me demanda-t-il.

— Il semblerait bien que oui. » lui répondis-je avec un petit sourire gêné.

À peine le dernier mot prononcé, le jeune homme bondit

de son siège et vint s'installer sur la place vacante juste à côté de moi et posa son manuel entre nous deux en me faisant un large sourire.

« Voilà ! Problème résolu. Je m'appelle Samuel et toi ?

— Lucie. Ravie de te connaître ! Et surtout, merci pour le manuel, je fais très fort pour un premier cours...

— S'il vous plaît ! Un peu de silence serait le bienvenu ! » tonna le professeur à notre attention.

Je sentais le rouge me monter aux jours et posai une main sur mon visage pour tenter de camoufler ma gêne. Déjà qu'il me manquait des affaires, il fallait en plus que je me fasse remarquer... Enfin, ce n'était pas si grave après tout.

Le reste du cours se déroula sans accroc malgré les quelques bavardages de mon voisin qui avait visiblement plus envie de discuter que de suivre le cours. À la fin de celui-ci, Samuel marcha à mes côtés jusqu'à ce que nous soyons sortis de la salle et se tournant vers moi, il me dit en souriant : « Bien... Ce fut un plaisir de partager mon manuel avec toi, alors n'hésite surtout pas à en oublier d'autres les prochaines fois ! »

Sur quoi il me fit un petit signe de la main en me lançant un « A bientôt Lucie ! » en guise d'au revoir.

J'étais ravie d'avoir fait sa connaissance et pour le coup, l'oubli de mon manuel s'était avéré être une bonne chose. Je me sentais également assez troublée par ce jeune homme qui dégageait quelque chose de particulier, un je-ne-sais-quoi très subtil que je perçus pourtant et je dus admettre aussi qu'il était plutôt attirant.

J'étais restée seule depuis ma rupture avec Paul, préférant ignorer les quelques prétendants que j'avais croisés sur ma route après cela, parce que pas prête à prendre le risque de vivre une nouvelle souffrance après cette séparation qui avait été bien trop douloureuse pour moi.

La solitude était certes pesante par moment, mais je m'y étais habituée et puis il y avait d'autres priorités pour le moment, mais cet instant où je m'étais retrouvée à quelques centimètres à peine de ce nouvel arrivant avait provoqué quelque chose en moi, une envie peut être de laisser sa chance à une nouvelle personne qui pourrait, qui sait, m'apporter une petite part de ce bonheur tant espéré.

Je ne voulais pas m'emballer trop vite, après tout, ce garçon avait peut être simplement fait preuve de gentillesse sans pour autant que cela soit le signe d'un intérêt d'une autre nature.

Je fus amenée à recroiser Samuel bien plus vite que je ne l'aurais pensé, car il s'était avéré que nous allions suivre le même cursus et serions donc être présents aux mêmes cours.

Pendant un temps, il se contenta de me saluer, me

faisant de petits signes de la main lorsqu'il m'apercevait, me lançant même de petites boulettes de papier par moment où il avait inscrit un mot à mon attention. Il n'y avait rien d'extraordinaire là dedans, mais la complicité qui s'est rapidement installée me faisait du bien et venait à vrai dire compenser une petite part du manque que je ressentais toujours par rapport à Sarah.

Je pensais à elle encore très souvent et elle me manquait beaucoup, même si la douleur s'était faite plus silencieuse au fil du temps. Je commençais à accepter cette nouvelle réalité et à intégrer le fait qu'il faudrait désormais avancer ainsi, sans elle.

Samuel et moi avons commencé à nous retrouver régulièrement en dehors des cours, lorsque je ne travaillais pas, ne serait-ce que pour quelques minutes où nous bavardions à propos des études et de bien d'autres choses.

Je ressentais toujours de l'attirance pour lui, mais il m'avait appris au cours d'une conversation qu'il était déjà accompagné, aussi, je l'avais immédiatement rayé de la liste « prince charmant potentiel » pour le garder exclusivement dans celle d'ami sincère, même si son comportement me paraissait assez ambigu par moment.

Quand il m'avait parlé de son amie, il avait ajouté en riant : « Mais il y a une place de maîtresse disponible si tu veux ! » en me mettant un petit coup de coude pour me signifier qu'il plaisantait. Malgré cela, je voyais une étrange lueur dans son regard que je n'arrivais pas à définir.

Plusieurs mois s'écoulèrent ainsi. Je faisais de mon mieux pour suivre le rythme entre les cours, mon travail et mes visites à la librairie qui restaient régulières malgré mon emploi du temps bien chargé.

Je donnais un coup de main au vieil homme quand il en avait besoin et il continuait à partager avec moi son expérience, son regard si serein sur la vie et m'aidait à devenir moi même plus posée et plus confiante en l'avenir.

Puis un beau jour, alors que je me dirigeais vers la salle où aurait lieu mon prochain cours, j'entendis Samuel m'appeler de loin pour que je l'attende.

Nous avons marché côtes à côtes pendant un moment et comme nous étions une veille de St Valentin, je lui demandai en souriant ce qu'il avait prévu avec son amie pour le lendemain.

C'est alors qu'il me dit : « Oh et bien, il n'y aura pas de soirée de St Valentin pour moi demain. En fait, je ne suis plus avec ma copine depuis quelque temps.

— Je suis désolée, je crois que je viens de mettre les pieds dans le plat, lui répondis-je, craignant de l'avoir blessé.

— Non non, il n'y a pas de raison d'être désolée. Pour être franc, c'était une relation sympa, mais je ne me sentais pas vraiment heureux. En fait, je crois que ça comblait surtout un vide, mais ça ne correspondait pas à ce que je recherchais.

— Je vois. »

Alors que je m'apprêtai à détourner la conversation, mal à l'aise d'avoir peut être soulevé un sujet qu'il n'avait pas franchement envie d'aborder, il s'arrêta de marcher et reprit : « La vérité c'est que j'ai fait une autre rencontre... Enfin je veux dire, il ne s'est rien passé encore avec cette fille, mais je crois que je suis en train de tomber amoureux et je ne sais pas comment lui dire...

— Et bien, dis-lui tout simplement ! » répliquai-je spontanément, espérant ainsi pouvoir aider mon ami qui semblait assez perdu dans ses réflexions.

Il leva alors les yeux vers moi et me dit tout doucement : « Je parle de toi Lucie... »

Je cherchai mes mots, moi qui ne m'attendais pas du tout à ce qu'une telle conversation ait lieu un jour, et avant même que je puisse dire quoi que ce soit, sa bouche vint se coller contre la mienne avec une infinie tendresse.

Il recula ensuite rapidement, visiblement gêné de ce qu'il venait de faire et se demandant sans doute comment j'allais réagir à ça. Mais je me contentai alors de sourire et m'approchai de lui pour lui rendre son baiser. C'est ainsi que débuta notre histoire...

17.

Un nouveau bonheur prenait place dans ma vie. Non seulement j'avais enfin décidé de prendre les choses en main pour avoir la possibilité par la suite d'exercer un métier qui me plairait vraiment, mais en plus j'avais fait cette belle rencontre qui faisait battre mon coeur avec une force hallucinante et provoquait en moi des émotions que je n'avais jamais ressenties jusqu'alors.

L'ombre des vieilles blessures revint cependant planer au dessus de ma tête après quelque temps, et je craignais qu'au final cette relation ne débouche sur un véritable chaos, bien pire encore que ce que j'avais vécu précédemment.

Un jour où je me trouvais à la librairie, aidant le propriétaire des lieux à faire du rangement, le vieil homme me demanda : « Il se passe beaucoup de belles choses dans ta vie à présent ma jeune amie. Pourquoi as-tu l'air si soucieuse ? »

J'avais choisi de ne rien dire au vieillard à propos de mes doutes et mes inquiétudes, pensant que ça passerait peut-être avec le temps, mais comme il l'avait fait bien des fois auparavant, il avait lu en moi comme dans un livre ouvert, sans que j'aie à dire quoi que ce soit. Je me décidai alors à me confier à lui. Il pourrait peut-être m'aider à me débarrasser de ce boulet que je traînais à mon pied.

« Et bien... C'est ma relation avec Samuel qui m'inquiète.

— Vous avez pourtant l'air de bien vous entendre, répliqua-t-il.

— Oh oui, tout se passe très bien, nous sommes vraiment sur la même longueur d'onde et il faut parfois que je me pince pour m'assurer que je ne suis pas en train de rêver...

— Alors où est donc le problème ? me demanda le vieil homme.

— Le problème est que j'ai tout le temps peur. Peur que les problèmes d'autrefois recommencent, peur qu'il disparaisse soudain de ma vie et que tout mon bonheur s'effondre, peur de me faire des illusions et de devoir souffrir encore bien plus que je n'aie souffert par le passé... »

Le vieil homme me fit alors signe de venir m'asseoir dans l'arrière-salle qui était désormais devenue le temple des grandes conversations et réfléchit un instant avant de me dire ceci :
« Te souviens-tu de la conversation que nous avons eue au sujet de la confiance que tu dois retrouver en toi même ?

— Oui, je m'en souviens très bien.

— Et bien tu vois, cela ne concerne pas tes seules études ou ta vie matérielle. Cette relation est pour toi une belle opportunité de mettre la théorie en pratique, parce que là aussi, pour que ta peur s'apaise, ce n'est pas à ton ami de te rassurer, mais à toi de trouver une confiance plus forte en toi.

— Comment ça ? lui demandai-je étonnée.

— Si tu vis dans la peur, c'est parce qu'une part de toi craint que ce garçon ne t'aime pas vraiment ou pas suffisamment en tout cas pour avoir envie de rester avec toi et de construire une relation à long terme. Tu te dis peut-être que tu n'es pas assez bien ou que même si tu l'es, il y a toujours mieux ailleurs...

— Ce n'est pas faux.

— Bien. En pensant de la sorte, tu alimentes toi même tes angoisses et places sans doute une pression inconsciente sur le dos de ton ami qui doit constamment te rassurer pour que tu trouves la paix et puisses poursuivre le lien normalement. Quand il te donne ce que tu souhaites, tu te sens mieux durant un temps, mais les doutes finissent par revenir, n'est-ce pas?

— Oui, c'est bien ce qui se passe à chaque fois... lui répondis-je assez désemparée.

— Lorsque tu commenceras à t'aimer vraiment toi-même, tu n'auras plus besoin d'être rassurée constamment et ne vivras plus dans la peur, parce que tu auras conscience du fait que si ce garçon devait te quitter, ce ne serait pas forcément à cause de toi, parce que tu n'es effectivement pas assez bien ou pas à la hauteur de ses attentes, mais peut être tout simplement parce que ses aspirations sont différentes des tiennes et que l'un et l'autre ne devez pas suivre le même chemin.

— Je ne suis pas sûre de vous suivre...

— Au jour d'aujourd'hui, si Samuel devait te quitter, tu vivrais sans doute très mal cette rupture et te remettrais immédiatement en question en te disant que si vous vous êtes séparés, c'est que tu as fait quelque chose de mal, ou que c'est toi qui pose problème...

— C'est la vérité oui, c'est ce que j'ai toujours fait.

— Si tu réagis ainsi c'est uniquement parce que tu manques de confiance en toi et que tu ne t'aimes ou ne t'estimes pas suffisamment pour te sentir digne de l'amour des autres. La solution à ton problème est là encore de poser un autre regard sur celle que tu es, pour que tu puisses te rendre compte que tout ne dépend pas que de toi, mais aussi que si l'histoire devait s'interrompre — ce qui reste une possibilité parmi tant d'autres — c'est peut être simplement pour que tu puisses avancer vers mieux, quand tu seras prête pour ça. N'oublie pas que la vie ne fait rien au hasard et que ce qu'elle prévoit pour toi tu ne pourras pas le louper... »

Je comprenais les paroles du vieil homme et ce qu'il désirait me faire entendre à travers ses mots, mais j'avais du mal à me libérer des vieux fantômes. C'était une véritable lutte que je menais contre moi même au quotidien pour ne pas refaire les mêmes erreurs que par le passé et donner une véritable chance à cette histoire qui était vraiment importante pour moi.

Le vieil homme n'avait visiblement pas terminé et après m'avoir fait un petit signe pour capter mon attention alors que je plongeai à nouveau dans mes pensées, il poursuivit : « L'amour ne doit pas être une prison et ne devrait pas représenter une attente permanente pour les deux êtres qui s'engagent dans le couple. Le problème pour beaucoup de gens est qu'ils ont besoin de preuves, constamment. Ils ne peuvent vivre pleinement leur bonheur, car ils sont dans une attente permanente face à l'autre, espérant que leurs sentiments soient partagés et que l'autre vienne les rassurer à ce sujet.

» Mais le fait est que toutes les preuves du monde ne serviront à rien si dans leurs esprits, ils n'arrivent pas à concevoir qu'on puisse véritablement les aimer, et tout ça, parce qu'ils ne s'aiment pas suffisamment eux-mêmes. Si tu veux être vraiment heureuse, aime sans rien attendre en retour et laisse l'autre libre de choisir sa propre route, ainsi, si le couple perdure, ça ne sera pas parce qu'on aura tenté de forcer les choses ou par un quelconque sentiment d'obligation, mais bien parce qu'il est réellement solide, évoluant dans le respect et la liberté pour chacun des deux partenaires, et c'est ça, le véritable amour ! Prends le temps d'y réfléchir, tu y trouveras sans doute de nouvelles pistes encore pour te sortir de ces schémas qui créent la peur en toi... »

Ce soir-là je quittai la librairie plutôt soulagée, parce que même si je savais que rien n'était encore gagné, le vieil homme m'avait montré une fois de plus la voie à suivre pour me libérer de mes chaînes et ne pas saboter moi-même le bonheur qui était désormais entre mes mains.

Ce vieil homme m'avait donné de nombreuses clés pour que je puisse orienter mon existence d'une manière bien plus heureuse et je devais reconnaître que depuis ma rencontre avec lui, bien des choses avaient déjà changé dans le bon sens, même s'il me restait encore du chemin à parcourir.

J'aurais pu facilement retomber dans les anciens pièges, mais mon vieil ami m'avait donné l'impulsion nécessaire pour ne pas baisser les bras jusqu'à ce que je réussisse à mettre en application tout ce qu'il m'avait enseigné.

J'arrivai chez moi avec le sourire et de bonne humeur, néanmoins, quelque chose m'avait paru étrange dans l'attitude du vieillard, non pas qu'il sembla différent de d'habitude, mais quelque chose avait changé dans son regard...

Durant la nuit, je fis un rêve somme toute assez anodin, mais qui me laissa une impression étrange. Ce rêve avait été très court. Je voyais deux aigles voler dans le ciel, je suivais leur progression comme si j'avais volé avec eux armée d'une caméra. L'un de ces rapaces était grand et majestueux, l'autre plus petit et plus frêle, peut être plus jeune aussi, et suivait le mouvement du premier qui semblait diriger la manoeuvre.

Tout à coup, le grand aigle plongea et disparut, alors que

le plus petit poursuivait son vol, semblant dans un premier temps apeuré de se retrouver livré à lui même. Il ne s'arrêta pas pour autant et continua son chemin en prenant de plus en plus d'assurance au fil des minutes qui s'écoulaient.

« Drôle de rêve... » me dis-je en ouvrant les yeux au petit matin...

18.

Une dizaine de jours s'étaient écoulés depuis ma dernière visite à la librairie. Ma dernière conversation avec le vieil homme avait eu un effet plutôt positif sur mon état d'esprit, car même si la peur se faisait encore ressentir par moment, je me sentais déjà beaucoup plus libre et sereine, bien plus que je ne l'avais jamais été.

Ma relation avec Samuel ne s'en portait que mieux, nous filions le parfait amour et il nous arrivait même d'évoquer l'avenir, des projets que nous aurions envie de partager ou de vivre ensemble.

Maintenant que je vivais les choses en douceur et sans chercher à forcer quoi que ce soit, j'avais l'impression de ressentir une joie bien plus profonde et de vivre vraiment ma vie, pleinement.

Je me sentais heureuse, amoureuse, et je devais reconnaître que tout ça ne serait probablement pas arrivé sans l'intervention du vieil homme sur mon chemin, car c'est lui qui m'avait permis d'ôter le bandeau que j'avais toujours porté sur les yeux jusqu'alors. C'est lui qui m'avait offert un regard nouveau sur mon existence et sur la vie, même si j'aurais pu choisir de tourner les talons et de continuer à faire l'autruche.

J'arrivai à la boutique vers 15h, souhaitant simplement partager avec le vieil homme les derniers progrès que j'avais faits et fus surprise en constatant quelques mètres avant d'arriver à hauteur de la librairie que plusieurs hommes entraient et sortaient, transportant des cartons qu'ils entreposaient au fur et à mesure dans un camion qui se trouvait juste là.

J'entrai malgré tout, cherchant le vieillard du regard, allant voir jusque dans l'arrière salle et alors que je m'apprêtai à aller frapper à la porte de son appartement auquel on pouvait accéder en montant un escalier usé par le temps, une petite voix m'appela à quelques mètres de là.

Je me tournai et aperçu le jeune garçon que j'avais croisé devant la librairie l'été précédent, celui là même qui était venu m'annoncer que mon vieil ami allait arriver en retard, alors que je l'attendais sous une chaleur étouffante devant sa boutique.

« Madame Lucie ! Tenez... C'est pour vous ! » me dit-il en me remettant une enveloppe.
Je n'eus même pas le temps de le remercier qu'il était déjà reparti en courant.

L'enveloppe était vierge. Je l'ouvris immédiatement, commençant à ressentir une certaine appréhension en voyant les hommes présents sur les lieux poursuivre leurs aller-retour en emportant une pile de cartons qui se trouvait dans l'arrière-salle.

Il y avait à l'intérieur une lettre et je reconnus

immédiatement l'écriture fine et régulière du vieil homme.

Je m'assis sur le fauteuil où j'avais pris place tant de fois auparavant et commençai à lire.

« *Ma chère Lucie,*

Je n'ai jamais été très doué pour les adieux, alors je préfère te dire au revoir à travers cette lettre en espérant que tu ne m'en voudras pas. Je voudrais te remercier d'avoir été une élève si attentive, d'avoir su entendre ce que j'avais à te dire même si cela t'as blessé parfois, et je te remercie infiniment de m'avoir permis de te transmettre ce savoir qui m'a été si précieux tout au long de ma vie.

Donner est aussi bon que de recevoir, et c'est là le cadeau que tu m'as fait, de pouvoir t'offrir ce que d'autres m'ont eux-mêmes offert par le passé.

Tu n'as plus besoin de moi à présent, car tu sais que tu as toutes les ressources en toi pour pouvoir construire ta vie de la plus belle façon, et tu as déjà fait de nombreux pas dans cette direction. Tu peux être fière de toi, c'est une grande victoire que tu as remportée là.

Vole à présent de tes propres ailes, suis ton chemin en étant toujours à l'écoute de cette petite voix que tu as au fond de toi et ne sois pas triste, je serais toujours avec toi, dans ton coeur.

Je réalise aujourd'hui un vieux rêve et m'en vais pour la Chine, retrouver mes racines et la terre de mes ancêtres pour finir mes vieux jours.

Tu trouveras dans mon appartement un carton portant ton prénom. Il y a à l'intérieur quelques ouvrages qui pourront sans doute t'être utiles dans ta nouvelle vie.

Sois heureuse comme je l'ai été et profite pleinement de l'instant présent ! La vie est un cadeau et je suis heureux que tu puisses à présent le constater par toi même.

Avec toute mon affection,

Li. »

Mes yeux étaient remplis de larmes. J'éprouvais tant de gratitude et de reconnaissance envers cet homme et je ne pourrais même pas le remercier pour tout ce qu'il avait fait pour moi.

Je demandai aux déménageurs si le vieil homme avait laissé ses coordonnées ou un quelconque élément qui m'aurait permis de le contacter, mais il était parti sans laisser d'adresse.

L'homme qui m'avait répondu m'indiqua que les ouvrages et le matériel de la librairie avaient été rachetés par une autre, dans une ville plus lointaine, et qu'ils allaient ainsi vider les lieux pour céder la place à la nouvelle propriétaire qui devait arriver le mois suivant.

Le coeur gros, je décidai de monter à l'étage prendre le carton dont le vieillard avait parlé dans sa lettre.

Je le trouvai rapidement, posé en plein milieu de la pièce. En dessous de mon prénom était inscrit cette phrase : « Tu vois, ce carton est comme les événements importants prévus sur ta route, il est posé en plein milieu du chemin, de sorte qu'il te soit impossible de le louper... »

Je souris à la lecture de ce message, car même absent, le vieil homme continuait finalement son enseignement. Je décidai alors d'ouvrir le carton et de voir ce qu'il y avait entreposé et fus saisie d'une grande émotion en constatant que sur les pages de chaque ouvrage il avait inscrit de petites notes à mon attention, ainsi, chaque fois que je lirais un de ces livres, il serait présent avec moi.

« Merci... » murmurai-je tout bas.

Après avoir feuilleté quelques livres, je décidai de faire mes adieux à ce lieu où j'avais appris tant de choses et de rentrer chez moi où je pourrais prendre le temps de digérer ce nouveau départ qui d'un côté m'attristait, mais de l'autre m’apportait de la joie, car je savais que le vieil homme allait faire un voyage qui était important pour lui et le rendrait heureux.

Je sortis de la librairie, mon carton dans les bras et commençai à marcher pour rentrer quand j'entendis soudain un cri au dessus de moi.

Je levai les yeux et fus parcourue d'un grand frisson en apercevant avec étonnement un aigle à une dizaine de mètres au dessus de moi... Il n'y en avait pas dans cette région, mais peut-être s'était-il échappé du parc animalier qui se trouvait juste à l'extérieur de la ville...

Le grand rapace décrivit quelques cercles dans le ciel, puis disparut comme il était venu. C'est alors que je me rappelai le rêve fait quelque temps auparavant et ressentis de la joie en repensant à ce que m'avait dit le vieil homme : « Sois attentive aux signes... »

Le songe des deux aigles prenait à présent tout son sens... Le grand aigle était parti, mais le plus jeune pouvait continuer son chemin librement et sans crainte, car le plus ancien lui avait appris à voler, et c'est bien ce que mon vieil ami avait fait pour moi...

ÉPILOGUE

L'année suivant le départ de celui qui resterait à jamais mon ami et mon maître, Samuel et mois avons décidé tout naturellement de nous installer ensemble, afin de faire évoluer notre histoire comme nous le souhaitions tous les deux et de ne plus être séparés l'un de l'autre.

Une fois nos études terminées et nos examens dans la poche, nous avons décidé d'ouvrir un cabinet de développement personnel tous les deux, alliant la psychologie à d'autres approches thérapeutiques auxquelles nous nous étions formés entre-temps, nous mettant de cette façon au service des autres pour leur permettre d'avancer sur leur propre chemin.

L'échange allait ainsi dans les deux sens, nous apportions quelque chose à ceux qui venaient vers nous et nous y gagnions également dans notre propre cheminement personnel. C'est là que j'ai véritablement compris ce que voulait dire Li lorsqu'il m'avait dit que donner est aussi bon que de recevoir...

Deux années après l'ouverture de notre cabinet, nous nous sommes dit oui devant Dieu et tous nos amis réunis et avons ainsi concrétiser notre union et notre bonheur. Jamais je n'aurais pu croire qu'une joie si grande était possible et pourtant, il s'agissait bel et bien de la réalité...

Et me voilà aujourd'hui en train de me demander ce que la vie mijote pour la prochaine étape du chemin.

« Lucie ? » Samuel m'appelle. Il vient tout juste de rentrer.

« Encore deux minutes et j'arrive ! »

Deux toutes petites minutes, qu'est-ce que c'est dans une vie ? Mais qu'est-ce que ça paraît long quand on attend...

Je profite de ce temps pour regarder encore une fois par la fenêtre le magnifique spectacle qu'offre le printemps à mes yeux. Les arbres sont en fleurs, la nature rayonne et il y a un soleil magnifique aujourd'hui. Quelle belle journée !

Je regarde ma montre, les deux minutes sont passées...

Je jette un oeil au petit objet que je tiens dans ma main, et, les yeux désormais baignés de larmes, je me tourne vers Samuel qui vient juste d'entrer dans la pièce.

Je tends mon bras pour lui montrer la chose.

Il me sourit, radieux, et me serre dans ses bras.

Bientôt nous serons trois...

FIN

Vous avez apprécié ce livre ?

Si tel est le cas, n'hésitez pas à lui laisser une évaluation et un commentaire sur le site Amazon où vous l'avez acheté. Cela ne vous prendra que quelques secondes, mais ça représentera beaucoup pour moi ! Merci à vous si vous le faites, et je vous souhaite le meilleur quoi qu'il en soit !:-)

Laure

12209692R00105

Printed in Germany
by Amazon Distribution
GmbH, Leipzig